Mitología china

Una guía fascinante sobre el folklore chino que incluye cuentos fantásticos, mitos y leyendas de la antigua China

© Copyright 2020

Todos los derechos reservados. Ninguna parte de este libro puede ser reproducida de ninguna forma sin el permiso escrito del autor. Los revisores pueden citar breves pasajes en las reseñas.

Descargo de responsabilidad: Ninguna parte de esta publicación puede ser reproducida o transmitida de ninguna forma o por ningún medio, mecánico o electrónico, incluyendo fotocopias o grabaciones, o por ningún sistema de almacenamiento y recuperación de información, o transmitida por correo electrónico sin permiso escrito del editor.

Si bien se ha hecho todo lo posible por verificar la información proporcionada en esta publicación, ni el autor ni el editor asumen responsabilidad alguna por los errores, omisiones o interpretaciones contrarias al tema aquí tratado.

Este libro es solo para fines de entretenimiento. Las opiniones expresadas son únicamente las del autor y no deben tomarse como instrucciones u órdenes de expertos. El lector es responsable de sus propias acciones.

La adhesión a todas las leyes y regulaciones aplicables, incluyendo las leyes internacionales, federales, estatales y locales que rigen la concesión de licencias profesionales, las prácticas comerciales, la publicidad y todos los demás aspectos de la realización de negocios en los EE. UU., Canadá, Reino Unido o cualquier otra jurisdicción es responsabilidad exclusiva del comprador o del lector.

Ni el autor ni el editor asumen responsabilidad alguna en nombre del comprador o lector de estos materiales. Cualquier desaire percibido de cualquier individuo u organización es puramente involuntario.

Índice

INTRODUCCIÓN 1
CAPÍTULO 1: EL ORIGEN DE LA TIERRA Y LOS HUMANOS 3
CAPÍTULO 2: ESCRITURA Y ARTE..7
    CANG JIE.. 7
    MA LIANG Y SU PINCEL 8
    LING-LUN 11
CAPÍTULO 3: DESASTRES NATURALES 12
    EL ARQUERO YI... 12
        El arquero *12*
    RECOMPENSA 13
    SHENNONG: EL PRIMER GRANJERO 14
    DOMINIO DE LOS RÍOS 15
CAPÍTULO 4: LI TIEGUAI, UN MITO TAOÍSTA 18
    LI TIEGUAI Y LA TENTACIÓN POR EL TESORO 22
    LI TIEGUAI TOMA UN APRENDIZ 23
CAPÍTULO 5: SUN WUKONG, EL REY MONO 26
    EL NACIMIENTO DEL REY MONO 26
    EL HALLAZGO DE UN ARMA 27
    CONTRA EL CIELO 30

Sun Wukong: El discípulo budista ... 33
Pigsy (Zhu Bajie) ... 34
Sandy (Sha Wujing) ... 35
CAPÍTULO 6: LA INVESTIDURA DE LOS DIOSES ... 39
La arrogancia del Rey Zhou ... 39
La furia de Nüwa ... 41
CAPÍTULO 7: LOS TRES REINOS ... 44
CAPÍTULO 8: MITOLOGÍA MODERNA, LOS NIÑOS CALABAZA ... 49
La calabaza roja ... 50
La calabaza naranja ... 51
Las calabazas verde y azul ... 53
La calabaza azul oscuro ... 55
La calabaza violeta ... 58
El loto arcoiris ... 60
CONCLUSIÓN ... 63
BIBLIOGRAFÍA ... 66

Introducción

La mitología china contiene una riqueza de múltiples religiones, grupos de personas, regiones e ideas. Quizás la palabra *mitologías* sea más precisa que *mitología*, ya que realmente abarca muchos panteones diferentes.

China, al ser un país grande y antiguo, cuenta con una gran y antigua tradición de mitología, leyendas y cuentos populares. En la antiguedad, los cuentos se transmitían oralmente y cambiaban en cada región para adaptarse al paisaje, ideas y creencias de las personas. Esto significa que cada historia o mito suele tener numerosas versiones con un énfasis ligeramente diferente. En este libro, algunas versiones predominan más que otras y otras se han combinado, pero de cualquier manera, este libro le dará una idea del vasto reino que es la mitología china.

Encontrará historias sobre los inmortales, es decir, personas que han logrado contribuir en algo o hacer algo tan especial que el Cielo mismo les otorgó la bendición de vida eterna. En otros casos, como el caso del Rey Mono, la inmortalidad fue alcanzada con astucia y habilidad. Algunos pocos, como Nüwa y el Emperador de Jade, fueron inmortales desde el principio. Además, los dioses de la mitología china son mucho más tangibles e incluso se los considera falibles. Incluso Lao-Tse, fundador del taoísmo, pierde su perfección con el surgimiento del budismo, y Buda se convierte en el nuevo inmortal infalible y la excepción a esta regla. Aunque la igualdad con los dioses era alcanzable y buscada, no era nada para dar por sentado. Los dioses eran muy respetados y temidos. Muchas personas tenían un altar en sus hogares dedicado a algún dios o a sus antepasados.

China es un país antiguo y orgulloso por buenas razones. Muchos de sus mitos, leyendas y cuentos populares son muy respetados y leídos hasta el día de hoy. Si está listo para adentrarse en esta combinación de mitologías, lo esperan serpientes, espíritus, demonios, dragones, fénix, inmortales y simples mortales durante las próximas páginas.

Capítulo 1: El origen de la Tierra y los humanos

En el caos cósmico, existía un huevo. Dentro del huevo yacía Pangu. Pangu fue el primer dios, el primer gigante, y simplemente el primero. Recostado dentro del huevo, comenzó a formar el cielo y la tierra. Todos los días crecía, y todos los días los cielos se elevaban diez pies hacia arriba y la tierra ganaba diez pies de densidad. Al principio, era pequeño y rodeado de caos. Pero cada día que Pangu crecía también crecían el cielo y la tierra. Después de 18 000 años, Pangu estaba preparado. El cielo ahora era extremadamente alto y la tierra era increíblemente profunda. Algunos dicen que esta fue la formación de Yin (Tierra turbia) y Yang (cielo límpido), mientras que otros afirman que Yin y Yang vinieron primero, poniendo orden en la tierra, y que fue solo a partir de ese orden que Pangu comenzó a crecer y eventualmente surgir.

Como todas las cosas deben morir, a excepción de los inmortales, Pangu también murió. Pero con su muerte, floreció la creación. Su cuerpo se convirtió en todo lo que vemos a nuestro alrededor. Su ojo izquierdo se convirtió en el sol, mientras que su ojo derecho se convirtió en la luna. A partir de los mechones de su barba, se formaron las estrellas. Sus cuatro miembros y cinco extremidades se convirtieron en los bordes de la tierra y las Cinco Montañas. Su sangre formó los ríos, mientras que su aliento se convirtió en el viento y las nubes. Su carne se convirtió en tierra y los pelos de su cabeza se convirtieron en plantas y árboles que crecían en ella. De sus dientes y huesos surgieron metales y rocas, mientras que su semen y médula se convirtieron en jade y perlas. Finalmente, su sudor y fluidos le dieron lluvia a la tierra para que pudiera promulgar vida. Quizás Pangu también estaba cubierto de ácaros e insectos y fueron ellos los que se convirtieron en los primeros humanos, pero en ese punto, Nüwa no estaría de acuerdo.

    La diosa Nüwa vio la tierra y el cielo que Pangu había formado con su cuerpo moribundo y su último aliento. Le pareció tan hermoso que decidió vivir allí. Pero después de un tiempo, se sintió sola y decidió crear personas. Tomó un poco de la tierra amarilla y comenzó a formar a personas con sus manos. El trabajo era agotador y la agobiaba. Finalmente, decidió agarrar un cordón de cuero y simplemente arrastrarlo a través de la tierra, sacudiéndose los pedazos de tierra y creando así al resto de la gente. Ahora ya no estaba sola. Pero después de un tiempo, los humanos comenzaron a morir, y Nüwa comenzó a formar nuevas personas. Sabía que no podía seguir formando nuevas personas constantemente, por lo que le dio a los humanos una manera de reproducirse. Después de esto se retiró, contenta con lo que había logrado. Poco sabía que su trabajo aún no había terminado.

    Muchos años después, una inundación terrible arrasó la tierra y solo dos personas sobrevivieron, un hermano y una hermana. Ambos querían reproducirse y asegurarse de que la humanidad sobreviviera, sin embargo, sintieron una gran vergüenza porque sabían que eran hermanos y que no debían entrecruzarse. Llamaron a los cielos, pero no recibieron respuesta, por lo que decidieron hacer dos pruebas. Primero, subieron una montaña alta, rodando dos piedras de molino, una a cada lado de la montaña. Solo si las piedras caían una al lado de la otra podrían casarse. Las piedras rodaron por la montaña, y en la parte inferior, ambas estaban tumbadas una al lado de la otra. Habían pasado la primera prueba y ahora se sentían cómodos para casarse. Luego, fueron a lugares separados e hicieron fuego. Si el humo de ambos fuegos se entrelazaba, podrían tener hijos y repoblar la tierra desolada. Tras encender los fuegos, ambos miraron hacia el cielo. Lentamente, el humo de ambos fuegos se convirtió en uno. Los hermanos estaban seguros de que tenían la bendición del cielo y decidieron tener hijos. Sin embargo, cuando la hermana finalmente dio a luz, no era el niño que esperaban. En cambio, había nacido un pedazo esférico de carne. Estaban angustiados. ¿Habían interpretado mal los signos? Durante nueve meses esperaron a un niño y en su lugar recibieron esta abominación. Lloraron juntos, y mientras lloraban, Nüwa los escuchó y apareció ante ellos. Tomó un cuchillo y abrió el trozo esférico de carne y formó no un niño sino muchos.

Después de que la humanidad fuera creada y se reprodujera, el Emperador de Jade, Señor del Cielo, envió a tres emperadores para gobernarlos. El primero que envió fue "Tian Guan", que significa *gobernante del cielo*. Les traería felicidad, libertad y riquezas. El segundo era "Di Guan", el gobernante de la tierra, que juzgaba a la gente y sus acciones. El tercero era "Shui Guan", el emperador del agua, que controlaba los ríos y curaba las enfermedades. Estos tres emperadores fueron adorados en toda China.

Cuando el Emperador de Jade vio a los humanos en la tierra y la manera en que vivían, decidió darles algunas reglas con respecto a la comida. Llamó al escarabajo pelotero y le pidió que le dijera a los humanos que comieran una vez cada tres días. Sin embargo, cuando el escarabajo pelotero logró encontrar a los humanos, confundió el mensaje y, en cambio, les dijo a los humanos que comieran tres veces al día. Los humanos celebraron, llenándose de comida y, como resultado, comenzaron a excretar grandes cantidades. En ese momento, la Tierra y el Cielo estaban estrechamente vinculados, unidos por grandes pilares. El Emperador de Jade estaba horrorizado por lo repugnantes que eran los humanos y no podía soportar el hedor, por lo que separó el Cielo y la Tierra para alejarse del mal olor. Para castigar al escarabajo, lo hizo comer el estiércol que los humanos excretaron.

Comentarios del autor:

En esta sección, se han combinado muchos mitos sobre la creación, ya que a menudo Pangu sería su propia respuesta a la pregunta de la "Creación", y Nüwa sería otra. Con la creación de los humanos, el mito del hermano y la hermana a menudo no coexiste con Nüwa, y en algunas versiones simplemente hacen una sola prueba y todo funciona como esperado. Otra versión, no incluida aquí, habla de una serpiente gigante que da a luz a todos los animales y finalmente a los humanos. Dicho esto, los mitos de la creación no son un aspecto dominante de la mitología china y no hay tantos registros de ellos como de otras áreas (como la creación de los inmortales y varias artes o ideas). Parece ser que el origen de la raza humana y la Tierra no era una pregunta tan importante para los antiguos chinos.

El Emperador de Jade es, junto con Nüwa, uno de los pocos inmortales que simplemente existe y no tiene creación. La mitología china está llena de emperadores, algunos que basados en emperadores históricos reales que han sido mitologizados y otros que simplemente son dioses y se los llama "emperadores". Todos los emperadores de China fueron considerados dioses, al igual que los faraones en Egipto. Pero puede ser muy difícil determinar qué emperadores fueron dioses de la mitología y cuáles se basaron en gobernantes históricos. El Emperador de Jade siempre está en el Cielo y es retratado como el gobernante de todos los dioses en la mitología taoísta.

Capítulo 2: Escritura y arte

Cang Jie

Huang Di, el Emperador Amarillo, uno de los principales gobernantes legendarios de la antigua China, tenía un historiógrafo llamado Cangjie. El papel de Cangjie era registrar todo lo que sucedía. Como la escritura no existía, Cangjie usó cuerdas de diferentes longitudes y colores para memorizar cada evento y experiencia. Cangjie había nacido con cuatro ojos y era increíblemente dotado, pero finalmente le resultó difícil recordar qué significaba cada pedazo de cuerda. Sabía que tenía que encontrar un nuevo método para registrar la historia. Inclinándose ante el emperador, pidió un tiempo libre de sus deberes para idear una nueva técnica para recordar todo.

Al salir del palacio, Cangjie se reunió con personas de todo el país para inspirarse. Pasó meses siguiendo a las criaturas, estudiando sus formas, signos y patrones. Luego de viajar por la tierra y estudiar la naturaleza y la sociedad, Cangjie finalmente se asentó en una cueva apartada, lejos de todo. Allí comenzó a anotar símbolos que reflejaban cada carácter. Por ejemplo, la pictografía del sol mosraba la forma redonda del sol, mientras que el de la luna mostraba su fase creciente. La palabra "campo" ilustraba la superposición de los arrozales. Inventó un símbolo para cada cosa y había tantos símbolo como granos de arroz en toda China. Después de terminar su gran trabajo de inventar un lenguaje escrito, Cangjie se dispuso a enseñárselo a todos. Sin embargo, nadie podía recordar la cantidad de símbolos que enseñó. El mismo Confucio, incluso, pudo solamente aprender el setenta por ciento de la cantidad original. Cuando Cangjie vio que ni los eruditos más inteligentes de China podían aprender todos sus símbolos y pictografías, se sintió frustrado y enojado. Tiró el otro treinta por ciento a los demás países eel mundo, dándoles un método para escribir y recordar.

Nüwa se enojó mucho al ver las pictografías que Cangjie había creado. El símbolo para "nü", que significa "femenino", una parte intrínseca de la esencia y el nombre de Nüwa, se había utilizado en muchos otros símbolos con connotaciones negativas. Nüwa se enfrentó a Cangjie.

"Cangjie, ¿tú menosprecias a las mujeres? ¿Realmente piensas que nuestro caracter refleja palabras como demonio y malvado?"

Cangjie retrocedió ante las acusaciones y se disculpó profundamente con la madre de todos los humanos. Nüwa observó y esperó mientras él levantaba su pincel y se ponía a trabajar en algunos símbolos nuevos. Después de esto, tanto "bueno" como "madre" fueron creados con el símbolo "nü" como parte de ellos.

Ma Liang y su pincel

En un pueblo pobre vivía un niño muy pobre. El niño se llamaba Ma Liang, y le encantaba dibujar y pintar. Donde quiera que fuera encontraba una forma de dibujar. A veces usaba un palo en la arena y otras veces se las arreglaba para encontrar un pedazo de carbón. Era muy bueno dibujando, tan bueno que algunos decían que sus dibujos podrían confundirse con cosas reales. A pesar de su habilidad, continuó siendo pobre y descubrió que sus dibujos tampoco podían ayudar a los otros aldeanos pobres.

Pero, una noche, tuvo un sueño. Un anciano lo visitó con un hermoso pincel. Ma Liang nunca había tenido un pincel y sabía que con él podría pintar cosas maravillosas. El anciano se le acercó y le entregó el pincel. "He visto tu noble corazón. Usa este pincel para ayudar a las personas".

Cuando Ma Liang despertó, el pincel yacía a su lado. El sueño había sido real. Pero, ¿cómo ayudaría el pincel a las personas? Además, no tenía pintura. Cogió el pincel y lo examinó. Tenía un hermoso mango de caoba y el pincel en sí era hermosamente delicado. Comenzó a pintar en el aire, agitando el pincel con cuidado como si estuviera pintando. De repente, el perro que había esbozado en el aire apareció y comenzó a ladrar. Pintó un hueso en la pared, el pincel agregó sus propios colores y sombras donde fue necesario. El perro tomó el hueso alegremente y salió corriendo de la pequeña cabaña de Ma Liang. Ma Liang no perdió el tiempo y comenzó a pintar comida, y todo se volvió real.

Ma Liang se dirigió a la aldea donde sabía que la necesidad era grande y los granjeros se quejaban por la falta de agua. Se dirigió a las afueras del pueblo y pintó un río que surgió a la vida con un rugido. Cuando los granjeros se enteraron de lo que había hecho, se alegraron y le agradecieron. Ahora podían buscar agua para sus cultivos en el río. Pero Ma Liang sabía que los cultivos tardarían en crecer y vio que muchas familias se estaban muriendo de hambre, así que pintó cuencos de comida para todos y se aseguró de que todos pudieran llegar a la próxima cosecha.

Después de esto, se dirigió a la siguiente aldea y viajó por toda China, ayudando en cada lugar con lo que necesitaban.

Su fama creció con sus extensos viajes y pronto el emperador oyó hablar del niño con el pincel mágico. El emperador pidió a Ma Liang que le hiciera una visita, ya que quería agradecer personalmente a Ma Liang por sus servicios a la tierra.

Ma Liang sabía que todavía había muchas aldeas para visitar y muchas personas que todavía necesitaban su ayuda, pero no pudo rechazar la llamada del emperador, por lo que se dirigió al palacio y compareció ante el gobernante de China.

Al aparecer frente al emperador, Ma Liang se inclinó, apenas reaccionando ante la orden del emperador: "¡Atrápenlo!" Los guardias lo agarraron, tomaron su pincel y lo arrojaron en una celda.

El emperador estaba contento de tener finalmente el pincel mágico en su poder. Ahora podía crear lo que quisiera. Comenzó dibujando una gran pila de oro, pero no pasó nada. El oro no apareció. El emperador recurrió a sus artistas y pintores más famosos, pero ninguno de ellos pudo hacer que nada saliera del pincel. Finalmente, el emperador se dio por vencido, y admitió que solo Ma Liang podía manipular el pincel. Trajo al niño de vuelta a la corte, con los grilletes puestos.

"Si dibujas lo que te pido, te liberaré", dijo el emperador.

Ma Liang vio su precioso pincel y deseó recuperarlo. Pensó en todos los granjeros y pobres de la tierra. No deseaba ayudar a un emperador codicioso, pero sabía que sin su pincel se pudriría dentro de prisión. "¿Qué le gustaría que dibujara?", preguntó.

"Quiero una montaña de oro donde siempre pueda ir y obtener más oro".

Ma Liang fue desatado y le entregaron su pincel. Comenzó a dibujar, pero en lugar de una montaña, dibujó el mar.

"¿Por qué dibujaste el mar? Quiero una montaña de oro. No un mar". El emperador estaba furioso y parecía tentado de volver a encarcelar a Ma Liang.

Ma Liang rápidamente comenzó a dibujar una montaña en medio del mar y la llenó con enormes cantidades de oro. La furia en el emperador disminuyó rápidamente, y fue reemplazada por un hambre brillante en sus ojos.

"¡Rápido!", dijo. "Dibujame un barco para que pueda recoger el oro".

Ma Liang asintió y pintó un barco para el emperador.

El emperador no perdió tiempo y entró al barco de un salto, ordenando a sus hombres que lo siguieran. Tan pronto como estuvieron en el mar, Ma Liang agregó viento y se levantó una gran tormenta. La tormenta se volvió más agresiva ya que Ma Liang sumó grandes olas. Las olas sacudieron el barco de un lado a otro hasta que una gran ola lo golpeó y lo llevó hasta el fondo del mar.

Así, la tierra se libró del codicioso emperador y Ma Liang se dispuso a ayudar a los pobres nuevamente. El nuevo emperador fue benevolente con Ma Liang y apoyó su causa, y todos en la tierra amaron a Ma Liang y su pincel mágico.

Ling-Lun

Ling-Lun fue elegido para ser el ministro de música por el Emperador de Jade, quien le ordenó inventar y hacer música. Ling-Lun lo pensó y luego se dirigió a una montaña cercana. Dio la vuelta y vio muchos brotes de bambú. Tomando uno de ellos, lo talló creando un tubo delgado. Esculpió cinco agujeros y creó cinco notas. Fue un buen comienzo, y las notas eran claras y diferentes. Sobre él, volaba un ave fénix que cantaba una hermosa canción. La pequeña pipa de Ling-Lun no era nada en comparación con la maravillosa canción del Phoenix y quería encontrar una manera de crear música similar. Cortó once piezas de bambú de diferentes grosores y las unió para formar un instrumento de doce tubos. Con él, pudo captar la variedad de notas de la canción del Phoenix y crear una música similar a su melodía.

Comentarios del autor:

La historia de Ma Liang y su pincel mágico es un famoso cuento popular chino que representa el mal de la codicia y el honor de ayudar a los pobres. También muestra la importancia de perfeccionar sus talentos y usarlos para servir a los demás. Hay muchos mitos que representan "portadores de cultura", o personas que contribuyeron a crear cosas culturalmente beneficiosas, como Ling-Lun y su instrumento de doce tubos. La música era, y sigue siendo, muy respetada en China. Era común que los primeros académicos taoístas estudiaran un instrumento y lo dominaran como parte de su aprendizaje.

Capítulo 3: Desastres naturales

El arquero Yi

El arquero

En su infancia, la tierra tenía diez soles. Afortunadamente, todos los soles giraban y se turnaban para iluminar la tierra, y todo estaba bien. El hermano mayor siempre comenzó estos ciclos y luego fue seguido por el resto de sus hermanos, cada uno tomando su turno, antes de que el último finalmente cediera paso a la luna, permitiendo que la tierra descansara.

Un día, el segundo sol decidió que quería comenzar a brillar primero. Siempre había sido el sol más viejo, ¿por qué debía ser así? ¿No eran todos soles igual de brillantes? Entonces, el segundo sol se unió al primero y brilló su luz en la tierra. Los otros hermanos concordaron y se unieron también. De repente, diez soles irradiaban toda su gloria hacia la tierra y la tierra comenzó a sufrir.

Donde antes crecían árboles y campos, solo había sequía. Comenzaron a haber explosiones ya que todo en la tierra comenzaba a incendiarse. La tierra se estaba convirtiendo rápidamente en un volcán, ardiendo constantemente, y pronto moriría. Sufrían hambre en toda la tierra y la gente caía muerta como moscas.

Yi, un arquero y cazador, vio cómo la vida y la naturaleza morían a su alrededor y se indignó. Tomó su arco y las mejores flechas que tenía y se dirigió a la montaña más alta. Después de una larga subida, finalmente llegó a la cima. Sintió el calor abrasador de los diez soles brillando incesantemente, ya que la luna ya no salía a bendecirlos con su frío abrazo. Lo recibió un dios que le entregó un arco de color bermellón y flechas con cordones de seda. Acomodó una de las flechas en su nuevo arco y disparó. La flecha siguió un vuelo certero y golpeó a uno de los soles. Al instante su luz se apagó y cayó del cielo como un gran fénix que nunca renacería. Yi continuó derribando soles hasta que solo quedó uno y finalmente se restableció el equilibrio en la tierra. El último sol prometió brillar solo en su ciclo y siempre dar paso a la luna.

Recompensa

Como agradecimiento por su servicio a la humanidad y la Tierra, Yi recibió un elixir de inmortalidad. Yi cogió el elixir, ya que sería grosero rechazarlo, pero no lo consumió. Sabía que si lo hacía, algún día tendría que ver morir a su esposa, Chang'e, y seguir viviendo sin ella durante toda la eternidad. Ambos acordaron que guardarían el elixir de forma segura en su casa pero que no lo beberían, porque ninguno quería estar sin el otro.

Yi tenía un aprendiz llamado Feng Meng, quien era sin duda el segundo mejor arquero del mundo, solo superado por su maestro. Feng Meng vio que la única forma en que podía ser el mejor era matar a su maestro, o volverse inmortal.

Un día, cuando Yi estaba cazando depredadores en las aldeas cercanas, Feng Meng fingió estar enfermo y se dirigió a la casa de Yi. Feng Meng entró en la casa de Yi y buscó el elixir. Cuando finalmente entró a la habitación, vio a Chang'e con lágrimas en todo su rostro. En sus manos estaba el elixir de la inmortalidad.

"¿Por qué le haces esto a tu maestro? Te ha entrenado desde que eras un niño, dijo ella, mirándolo.

"No puedo vivir en su sombra para siempre. Esta es la única forma de superarlo", dijo Feng Meng, con actitud decidida. Colocó una flecha en su arco y se la llevó a la mejilla. "Dame el elixir".

Chang'e lo miró con tristeza e ladeó la botella. Feng Meng se lanzó hacia él, sin darse cuenta de que ya estaba vacía.

"Tan pronto como te escuché entrar, bebí todo su contenido. Prefiero sufrir eternamente que dejar que el mundo sufra para siempre en manos de un traidor como tú". Tras sus últimas palabras, se elevó hasta el cielo y desapareció hacia la luna, donde siempre podría cuidar de su esposo. Algunos de los dioses estaban molestos de que ella bebiera el elixir ya que estaba destinado a Yi, pero decidieron darle la luna como residencia ya que su acto final como mortal también había sido de gran valentía.

Cuando Yi finalmente regresó a casa y supo lo que había sucedido, cayó de rodillas y lloró. Eventualmente encontró las fuerzas para levantarse y reunió todas las frutas y pasteles favoritos de Chang y los sacrificó por ella. Los aldeanos que vivían cerca estaban agradecidos por sus actos heroicos y simpatizaron con su causa, por lo que también ofertaron pasteles a la luna. Es así que cada 15 de agosto en el calendario lunar, la gente come pasteles de luna para recordar a Yi y su amada esposa.

Feng Meng no había renunciado a su esperanza de ser el mejor. Sabía que todavía no era rival para Yi en una competencia de tiro con arco y que no podía convertirse en el mejor con ningún método justo. En lugar de eso, esperó su momento y esperó que Yi se acercara al bosque más cercano. Una vez que Yi pasó, Feng Meng lo golpeó con un palo hecho de un duraznero y lo mató. Sin embargo, la fama de Yi ya estaba asegurada. Se convirtió en un ícono y fue adorado por algunos como el dios que desvía los desastres.

Shennong: el primer granjero

Había una vez un hombre llamado Shennong. Shen Nong vio la gran variedad de plantas y árboles que lo rodeaban, cada uno con sus propios frutos y hojas. Rápidamente probó algunos de ellos y se dio cuenta de que cada fruto tenía un sabor diferente. Algunos daban energía y eran buenos para cocinar, mientras que otros eran amargos o agrios. Comenzó a clasificarlos y organizarlos, enseñándole a los demás qué hierbas o frutas eran buenas para comer, cuáles tenían propiedades curativas y cuáles eran venenosas. Muchas veces, encontraba una nueva planta, la probaba y se enfermaba durante días debido a la naturaleza tóxica del fruto. Sin embargo, nada de esto le impidió explorar toda China y anotar las propiedades de todas las hierbas y plantas. Cada vez que Shennong encontraba plantas que eran buenas para comer o curar, las llevaba a su casa y las plantaba en su granja. Shen Nong no solo estableció las artes curativas chinas tradicionales, sino que también creó la práctica de la agricultura. Mientras cultivaba, se dio cuenta de que necesitaba una herramienta para trabajar la tierra e inventó el arado. Todas las personas que habían comenzado a cultivar pronto también estaban usándolo, y Shennong les enseñó con gusto cómo crear el arado y usarlo.

Un día, Shennong encontró una nueva planta que nunca había visto antes y de inmediato la probó. Las toxinas se extendieron por todo su cuerpo produciendo una enfermedad mortal. Colocaron a Shennong en su cama y todos sabían que pronto moriría. El cielo miró hacia abajo y vio todo lo que Shennong había hecho por la gente, cómo había clasificado y probado todo tipo de hierbas y plantas para ayudar a las personas y cómo había creado el arado para ayudar a los granjeros. Le otorgaron la inmortalidad. Al instante se recuperó y continuó ayudando a las personas y probando plantas durante muchos años antes de subir al Cielo.

Dominio de los ríos

En los comienzos de China, los ríos corrían desenfrenados sobre la tierra, y hubo muchas inundaciones donde se destruyeron personas y casas. Al Cielo no le importaba, ya que creía que los humanos lo merecían; de hecho, lo alentaron. Un dios llamado Gun, que era el nieto del Emperador de Jade, pensaba diferente. Gun sintió compasión por los humanos y bajó a ayudarlos. Caminó a lo largo del río y comenzó a construir canales y cavar zanjas para conducir los ríos de una manera que fuera beneficiosa para la tierra y su gente. Gun sabía que los granjeros trabajaban duro e intentó que los ríos fuera una ayuda y no un obstáculo para ellos. Cuando los otros dioses vieron lo que estaba haciendo, se enojaron y lo atacaron. Le quitaron su inmortalidad y lo mataron. Sin embargo, de su cuerpo nació un dragón. Era grande como un río y se llamaba Yu. El dragón vio la destrucción que los ríos seguían causando y voló hasta el cielo para suplicar en nombre de los humanos. Cuando el gobernante del cielo finalmente se enteró de las vastas atrocidades y se dio cuenta del impacto que las inundaciones estaban teniendo sobre la gente, cedió y permitió que Yu se pusiera a trabajar para aliviar ese sufrimiento. El Cielo también había visto el trabajo duro de la gente para apaciguar los ríos y apreció su valiente esfuerzo. El dragón Yu levantó montañas y redirigió ríos para ayudar a la tierra y a su gente. También le dijo a la gente dónde construir canales que permitieran que el exceso de agua del río fluya de manera segura. Gracias a Yu y al arduo trabajo de la gente, las inundaciones cesaron y los ríos fueron controlados.

Comentarios del autor:

Existen numerosas leyendas y mitos que rodean al arquero Yi: en algunas, Yi es un héroe, en otras un villano, en algunas un inmortal y en otros casos un humano. La historia que sigue es una fusión de algunos de estos que le dará una pequeña visión de su gran fama.

Shennong significa literalmente "dios de la agricultura". También era muy popular entre los botánicos y los médicos y a menudo era adorado por ellos.

Los ríos eran vitales para la prosperidad de China y, solía pensarse que eran enormes dragones salvajes. Existen numerosos mitos sobre cómo los ríos fueron domados y finalmente usados para ayudar a la gente. En algunos mitos, el arquero Yi se enfrenta a un río y también el Rey Mono. Históricamente hablando, China logró construir grandes zanjas y represas con su gran cantidad de personas y mano de obra para dominar los ríos.

Capítulo 4: Li Tieguai, un mito taoísta

Li Tieguai era un hombre solitario. Había abandonado la vida del pueblo para vivir en una cueva apartada. El ajetreo de la vida en el pueblo no era para él, ni tampoco chismorreo le resultaba atractivo. En cambio, se volvió autosostenible y cultivó suficientes vegetales para sus simples comidas. Había un bosque cercano donde cortaba su propia madera para hacer pequeñas hogueras y mantener caliente su cueva en la montaña. La montaña también tenía un pequeño arroyo, del que sacaba agua. Junto a la montaña, tenía algunas terrazas donde cultivaba su arroz. Li Tieguai sintió que tenía todo lo que necesitaba. Cada día era igual: trabajaba su tierra y por la noche descansaba y leía sus escrituras taoístas. Si el clima era feroz y tormentoso, pasaba todo el día con sus pergaminos.

Un día, mientras plantaba sus semillas, apareció un leñador. Li Tieguai nunca lo había visto antes, pero le ofreció un poco de arroz y té. El extraño hablaba y hablaba, sobre todo acerca de cosas extrañas, como espíritus, fantasmas y magos. Li Tieguai escuchó todo con paciencia.

"Estás destinado a grandes cosas", dijo el extraño. "Serás reconocido como un hombre de sabiduría y compasión y consolarás a los necesitados. E, incluso, un día serás inmortal en reconocimiento de tu servicio".

"La sabiduría es un camino difícil que pocos pueden recorrer, ¿cómo puedo pretender alcanzarla? Nunca he buscado la inmortalidad, pero estudio el Tao y estoy dispuesto a estudiar mucho más".

El extraño parecía contento con la respuesta de Li Tieguai y dejó el tema. En cambio, preguntó: "Mi sabiduría carece de las formas de la naturaleza y los espíritus, a pesar de que he escuchado muchas historias. Tengo una hija que desea honrarme y quiere que yo viva una vida larga y saludable. Para hacer esto, ella desea estudiar para poder bendecirme de la mejor manera. Ella necesita un maestro sabio. ¿Le enseñarás?".

Li Tieguai sacudió la cabeza. "¿Cómo puedo hacer eso cuando yo mismo tengo tanto que aprender?".

El extraño asintió. "Podrías tener razón". Luego se fue.

Tres días después, el leñador había vuelto. Esta vez una hermosa niña estaba con él.

"Esta es mi única hija", dijo el leñador. "Desde que le hablé de ti, ella no ha querido otra cosa más que ser tu alumna. Hasta dejó de comer. No he tenido más remedio que traerla. Por favor, sé su maestro".

Li Tieguai apartó la mirada de la niña y volvió a su cueva, pero ya era demasiado tarde. El leñador ya había desaparecido tras el rápido a la niña para que obedeciera a Li Tieguai en todo.

La niña se le acercó y se arrodilló a sus pies. Li Tieguai se sonrojó y volvió a la cueva. Se sentó en su rincón y recogió las escrituras taoístas para estudiar. El fuego lo iluminó y lo mantuvo caliente. La chica lo siguió al interior y comenzó a preparar la cena. Mientras cocinaba, también limpió la cueva.

Después de un tiempo, Li Tieguai sintió que ella lo miraba de nuevo.

"Maestro", dijo. "No deseo molestarlo en sus estudios. Sé que son importantes para usted. Pero seguramente también necesite compañía. ¿No quiere una esposa y una familia que cuiden de usted cuando sea viejo?"

Li Tieguai continuó leyendo, ignorándola.

"Por favor, cuénteme sus pensamientos, gran maestro. Somos solo nosotros dos aquí. No compartiré sus secretos o dudas. Puede hablar conmigo".

Él no dijo nada y caminó hacia la entrada de la cueva y miró afuera.

"Maestro, debo confesarle algo. No vine aquí para ser su alumna, solo necesitaba escapar de mi padre. Había planeado que me casara con un hombre feo que camina cojo y tiene orejas enormes. Todo su cuerpo está retorcido y velludo, a diferencia del suyo. Usted es un hombre guapo y me encantaría ser su esposa y estudiar juntos".

Li Tieguai guardó silencio y la niña continuó: "Sería la mejor ama de casa que puedas imaginar. No querrías nada más".

Ella seguía diciéndole lo buena que podía ser su vida juntos mientras él permanecía en silencio allí. Pasaron muchas horas e incluso realizó un dibujo de cómo podría ser su vida familiar. Finalmente, el aire nocturno se enfrió y era hora de acostarse.

Li Tieguai esperó hasta finalmente escuchar un ritmo constante en la respiración de la niña, asegurándose de que estuviera dormida. Acercó su colchón a la esquina de la cueva lejos de la niña y luego se durmió.

La lluvia caía afuera y los truenos rugían. La niña se despertó asustada. Vio a Li Tieguai en su esquina y se fue cerca de él, acurrucándose a su lado. Li Tieguai se despertó de repente y pudo sentir el cálido cuerpo de la niña a su lado.

"¿Qué estás haciendo?" preguntó, preocupado. "Vete, déjame".

Pero ella solo se acurrucó más cerca, temblando. Llevaba solo un delgado vestido de algodón.

"Abráceme y sosténgame fuerte. Tengo tanto frío. Necesito su calor".

Li Tieguai se alejó más y más hasta la esquina de la cueva, sientiéndo cada vez más frío. La niña lo siguió nuevamente, susurrando suavemente, incluso pidiéndole que la tomara como su esposa. Li Tieguai se sonrojó de nuevo, pero cerró los ojos y trató de olvidarse de la niña. Aquello continuó durante toda la noche, pero Li Tieguai se mantuvo fuerte.

Cuando finalmente amaneció, el leñador estaba de regreso. Li Tieguai estaba lavando sus ollas y no había visto a la niña en ninguna parte desde la noche anterior.

"¿Dónde está mi hija?", preguntó el hombre.

"No lo sé. Desapareció anoche".

"¿Qué hiciste? ¿La lastimaste? ¿La violaste? ¿Por qué desaparecería? ¿Qué le has hecho?".

Li Tieguai levantó las manos y sacudió la cabeza. "Nunca haría tal cosa. No he tocado a su hija ni la he lastimado".

El leñador sonrió. "Lo sé", dijo. "Eres un hombre de firme convicción y un hombre de honor. Tienes un profundo conocimiento del taoísmo y estás comprometido con tu búsqueda. Somos similares, tú y yo".

De repente, el leñador se transformó en un hombre barbudo con una larga túnica azul. Era Lao-Tse, el fundador inmortal del taoísmo.

"Envié a la chica para tentarte y probarte. Has demostrado una verdadera integridad, no te engañan fácilmente".

Lao-Tse sacó un pequeño dumpling de su túnica y se lo dio a Li Tieguai.

"Trágalo", dijo.

Li Tieguai hizo lo que se le indicó y sintió una oleada de energía dentro de él que nunca cesó. A partir de entonces, nunca estuvo cansado, enfermo, sediento ni tampoco hambriento. Comenzó a viajar y ayudó a los pobres y necesitados defendiendo sus causas. Cada pocos meses, regresaba a su cueva para meditar y estudiar las escrituras taoístas.

Li Tieguai y la tentación por el tesoro

Otro día, cuando Li Tieguai regresó a la cueva para meditar y estudiar sus libros, se tomó un descanso para estudiar en el bosque. Mientras caminaba y observaba, pudo ver a dos hombres. Parecían nerviosos y reservados y miraban a su alrededor para asegurarse de que nadie estuviera mirando. Li Tieguai se mantuvo escondido detrás de un árbol y observó. Los hombres tenían dos grandes sacos tejidos y parecían pesados y llenos hasta el tope. Los hombres buscaron en el árbol, cavaron un pequeño agujero y metieron las bolsas en él. Volvieron a mirar a su alrededor y, al no ver a nadie, abandonaron el área.

Li Tieguai decidió irse también. Regresó a diario y notó que las bolsas aún estaban ahí. Parecían bienes robados, pero no tenía idea a quién pertenecían.

Bajó a la aldea pero no supo de nada que faltarar en el lugar. En cambio, se encontró con un anciano que le pidió tomar té con él. Li Tieguai, siendo cortés, aceptó fácilmente y se sentaron y cenaron juntos.

"Puedo ver que serás un hombre muy rico", dijo el extraño.

"Podrías tener razón", respondió Li Tieguai. "Conozco el escondite de dos bolsas de oro". Li Tieguai le contó al viejo lo que había visto en el bosque.

"Deberías tomarlo", dijo el hombre. "Es robado, de todos modos. Sin dinero acabarás amargado e infeliz. ¿Por qué no vas ahora y te aseguras de obtener el dinero? Incluso puedes usarlo para ayudar a las personas".

Li Tieguai hizo caso omiso del impulso del anciano. "No lo necesito. Soy feliz con lo que tengo".

"Tu destino podría cambiar. Un pequeño seguro nunca viene mal".

Pero Li Tieguai se mantuvo firme. Podía ayudar a las personas con lo que tenía, los bienes robados no eran la forma de ganar dinero. Las posesiones no tenían sentido para él y estaba contento así. Se alejó del anciano.

Unos días después, volvieron a encontrarse. Pero esta vez, la actitud del hombre había cambiado.

"Toma, come esto", dijo, sosteniendo un dumpling. Li Tieguai sintió que podía confiar en el viejo e hizo lo que le pidió.

Inmediatamente, comenzó a sentirse más leve, como si pudiera flotar.

El hombre ante él se transformó y ahora llevaba una túnica azul larga. Era Lao-Tse, había venido a probarlo nuevamente.

Cuando Li Tieguai comenzó a alejarse, se dio cuenta de que se movía mucho más rápido que antes. Mientras caminaba por la ciudad, más allá del templo, viajaba más rápido que una golondrina. De repente, viajaba tan rápido que su cuerpo se despegó del suelo y se elevó en el aire. Podía volar y ahora podía llegar a más pueblos gracias a esa ayuda y consejo.

Li Tieguai toma un aprendiz

Li Tieguai era ahora respetado como un hombre erudito. Continuó ayudando a los pobres y difundiendo las enseñanzas taoístas. Con su vuelo y velocidad, además de no padecer enfermedad o cansancio, su fama se expandió rápidamente. Eventualmente, Li Tieguai tomó un aprendiz llamado Li Qing. Había sido un pedido de Lao-Tse, y Li Tieguai se había convertido en su discípulo oficial.

Un día, fue convocado para encontrarse con Lao-Tse nuevamente en una montaña lejana.

"Debo dejarte", dijo Li Tieguai a su aprendiz. "Me han convocado y debo viajar a la montaña Penglai".

"Pero eso está a miles de millas de distancia", exclamó su alumno. "Le llevará meses llegar allí".

"No me cuestiones", respondió Li Tieguai. "Dejaré mi cuerpo aquí y mi alma viajará para conversar con Lao-Tse. Si no regreso dentro de siete días, puedes quemar mi cuerpo, porque me habré vuelto inmortal. Si estudias lo suficiente y vives una vida de servidumbre, quizás algún día también puedas ser inmortal".

Li Tieguai se sentó y comenzó a meditar. Después de un tiempo, Li Qing vio un humo brillante salir del cuerpo de Li Tieguai. Puso su mano delante de la nariz de su amo y no sintió aliento. Siendo un estudiante sincero y leal, Li Qing no dejó el cuerpo de su maestro durante seis días. Sin embargo, en la mañana del séptimo día, llegó un mensajero.

"Debes venir conmigo", dijo el mensajero. "Tu madre está gravemente enferma y quiere verte antes de morir".

El discípulo sabía que era el séptimo día, así que con un pesar en el corazón, quemó el cuerpo de su amo y fue junto con el mensajero a ver a su madre moribunda.

En el camino hacia su madre, no lejos de la cueva, se encontró con un mendigo moribundo a un lado del camino. Se arrodilló junto al hombre para ver qué podía hacer para ayudar y pronto vio que el hombre ya no tenía esperanzas. No había nada que él pudiera hacer. El hombre tenía cabello corto, ropas raídas, largas cejas y una pierna desfigurada. Junto a él yacía una muleta de madera, arrojada a un lado.

Esa misma noche, el espíritu de Li Tieguai volvió para encontrar su cuerpo. Pero no estaba en ninguna parte. Buscó y buscó y ni siquiera pudo encontrar a su discípulo. Li Tieguai se dio cuenta de que era el séptimo día y luego vio el fuego y las cenizas encendidas. Su cuerpo ya no existía. Necesitaba encontrar un cuerpo rápido o de lo contrario ya no sería inmortal. Mirando a su alrededor, Li Tieguai encontró el cuerpo del mendigo deformado que su discípulo había visto más temprano ese día. Sabía que no tenía otra opción y de mala gana entró en el cuerpo. Mientras se adaptaba a su nueva forma, escuchó a alguien reír detrás de él. Era un anciano con una bolsa de hierbas y pociones.

"¿Qué tiene de divertido?", preguntó Li Tieguai. "¿Me conoces?".

"De hecho te conozco. Aquí, toma esta poción. Sanará las heridas de tu cuerpo y restaurará tu salud".

Li Tieguai recibió la poción y la bebió. El frasco volvió a llenarse de inmediato.

"Esta poción nunca perderá efecto. Con él tienes el don de la curación y será de gran consuelo para muchas personas. Ricos y pobres querrán que visites su hogar, sin importar tu lamentable aspecto". El viejo recogió la muleta de madera junto a Li Tieguai.

"Esta muleta será tu ayuda y nunca te fallará, tampoco se oxidará". Mientras el hombre hablaba, la muleta se convirtió en hierro. "A partir de este día, te unirás a los inmortales, pero ahora debo regresar a Lao-Tse, ya que simplemente soy su mensajero".

Después de esas palabras, el anciano comenzó a alejarse. Pero mientras caminaba se transformó y Li Tieguai supo que había vuelto a encontrarse con Lao-Tse.

Li Tieguai caminó por la tierra, apoyado en su bastón. Se convirtió en inmortal y nunca dejó de ayudar a los enfermos y a los pobres.

Comentarios del autor:

La mitología taoísta tiene un total de ocho inmortales, entre los cuales se encuentra Li Tieguai. Su nombre (tie guai) significa "muleta de hierro", ya que era conocido por tener una pierna deformada y siempre caminar con su muleta de hierro para lograr sostenerse. Se supone que fue bastante feo y tal vez la historia que acabas de leer es una forma de explicar por qué fue así. Pero más allá de eso, demostró que el aspecto físico no importa: lo que importa es ayudar a los demás y buscar conocimiento.

Los taoístas lucharon por el conocimiento y la inmortalidad y sus mitos así lo demuestran. Buscar la inmortalidad es la cúspide del conocimiento y la cosa más noble que puedes hacer, según el taoísmo.

Capítulo 5: Sun Wukong, el Rey Mono

El nacimiento del Rey Mono

En las montañas rojas, en uno de los picos más altos, había una extraña roca. Se balanceaba sobre el borde de la cima de la montaña como si fuera a caerse en cualquier momento. Había estado allí durante generaciones, hasta que un día, durante una furiosa tormenta eléctrica, un rayo la rompió y dentro de ella salió un mono. En varios aspectos, no se parecía en nada a un mono. Era brillante, inteligente, astuto y travieso. Pero también era más rápido, más fuerte, más alto y más ágil que cualquier otro mono.

El mono se estiró y finalmente cobró vida. Al bajar de la montaña, encontró a sus parientes, otros monos, y se dispusieron a buscar un hogar. Encontraron una hermosa y exuberante montaña llena de frutas y flores. Allí vivieron y disfrutaron de las bondades que ofrecía la montaña. Durante un tiempo, el mono estuvo feliz en ese lugarí. Los otros monos pronto se dieron cuenta de que él era más capaz que cualquier otro y lo nombraron rey de su tribu e incluso rey de todos los monos del mundo. Ahora era conocido como el Rey Mono. Sin embargo, eventualmente, el Rey Mono comenzó a inquietarse. A pesar de toda la comida y la buena vida que vivía, se dio cuenta de que todavía era mortal y que algún día moriría. Esto lo frustraba y sabía que tenía que perseguir la más noble de las cosas: la inmortalidad. Dejó la montaña de frutas y flores y encontró un maestro taoísta.

Como discípulo del maestro taoísta, el Rey Mono pronto se convirtió en el mejor alumno. Aprendió a volar, a clonarse y convertirse en un espejismo, e incluso dominó las 72 transformaciones, que le permitieron convertirse en todo lo que él quisiera. El maestro taoísta quedó tan impresionado con los talentos del Rey Mono que lo rebautizó como Sun Wukong, que significa "Despertado para el vacío".

El hallazgo de un arma

Sun Wukong estaba satisfecho con todas las habilidades que había adquirido, pero sabía que todavía era un mortal y que sus días estaban contados. Decidió que necesitaba un arma y una armadura dignas de todas sus habilidades y talento. Dejando al maestro taoísta, se encontró con un viejo mono que le habló del Rey Dragón, Ao Guang. El palacio de Ao Guang tenía miles de armas y él había provisto a la mayor parte del Cielo con su arsenal de armas. Allí, el Rey Mono debería encontrar un arma digna de su habilidad.

Sun Wukong voló hasta el Mar del Este, se sumergió y buscó el palacio. Finalmente, en el fondo del mar, encontró un enorme palacio, custodiado por crustáceos protegidos con armaduras y armados con alabardas y espadas. Incluso sin un arma, Sun Wukong descubrió que no estaban a la altura de sus habilidades y entró al palacio. Uno de los guardias intentó advertir al Rey Dragón del intruso, pero ya era demasiado tarde. Sun Wukong ya estaba en la sala del trono.

"¿Qué hace este mono en mi palacio sin ninguna invitación? ¡Guardias! ¡Llévenselo!", Ao Guang gritó, indignado por la insolencia y falta de respeto de Sun Wukong.

Sun Wukong simplemente se rió y saltó esquivó a los guardias. Jugó con ellos, primero desapareciendo en el aire, y luego reapareciendo para desarmarlos.

El Rey Dragón miró a Sun Wukong con respeto, pero también con miedo. No tenía ningún deseo de permitir que un mono destruyera su palacio.

"¿Qué deseas? ¿Por qué me molestas?". La voz del Rey Dragón parecía enojada y molesta, pero también había un toque de respeto en ella.

"Necesito un arma. Como puede ver, soy hábil y capaz, pero necesito un arma digna. Escuché que construye buenas armas. Deme una y lo dejo en paz".

El Rey Dragón fijó sus ojos en el audaz mono, y luego hizo un rápido gesto a los guardias y sirvientes, que seguían aturdidos. "Traigan algunas armas para probar".

Los guardias se escabulleron y pronto regresaron con una buena variedad de armas.

Primero, le ofrecieron una lanza. El guardia apenas podía levantarla por su peso. Sun Wukong la hizo girar como si fuera un palillo y luego la dejó caer al suelo. "Demasiado endeble", dijo. El guardia lo miró con asombro mientras tomaba la lanza nuevamente con gran esfuerzo.

Luego trajeron una espada gigante. La llevaban entre varios guardias y el Rey Dragón estaba casi seguro de que sería demasiado pesada para el mono.

Sun Wukong miró la espada con la boca abierta y caminó alrededor de ella, tal vez pensando en cómo la recogería. Pero había un destello de picardía en sus ojos y de repente detuvo su farsa y tomó la espada, agitándola en el aire antes de girarla en la palma de su mano.

El Rey Dragón comenzó a temblar. "Tráiganle el arma más pesada que tengamos", ordenó.

Finalmente, apareció una enorme alabarda en manos de docenas de guardias. Sun Wukong se acercó y trató de levantarla. Ver la lucha del mono hizo sonreír al Rey Dragón, pero un segundo después, Sun Wukong se echó a reír y lanzó la poderosa arma al aire como si fuera una pluma. "¿Este es realmente lo más pesado que tienes? Es como levantar un peine. ¿No tienes nada más pesado?".

El Rey Dragón estaba desesperado. Necesitaba deshacerse de este mono. Ya no podía soportar que lo ridiculizaran. En ese momento, su esposa entró al gran salón y le susurró al oído: "Hay un pilar que ha estado brillando durante los últimos días, tal vez esté destinado a ser del mono".

Juntos, nadaron para ver el pilar. Estaba ubicado en lo profundo del patio del palacio. Los ojos de Sun Wukong se iluminaron con alegría verdadera cuando lo vio. El pilar era macizo y se elevaba más allá de lo que podían ver. Era ancho, e incluso abrazándolo, Sun Wukong no podía envolverlo completamente con los brazos.

El Rey Dragón comenzó a susurrarle a su esposa. "¿Qué pasa si realmente consigue tomarlo? El pilar está ahí para la estabilidad del mar".

"Es más que nada algo simbólico", dijo.

En ese momento, Sun Wukong levantó el pilar y lo hizo girar, pero sus movimientos eran extraños y apenas controlados. La pareja real tuvo que esquivar rápidamente y nadar hacia un lado para evitar un golpe.

"Quizás debería ser un poco más pequeño", murmuró Sun Wukong para sí mismo. Inmediatamente, el pilar se redujo al tamaño de un bastón de combate. El Rey Mono rió encantado. Este era realmente el arma para él. Rápidamente lo giró y le dio vueltas, probando sus movimientos. El arma se movió con tal furia que se formaron enormes corrientes de agua que casi arrasaron con toda la corte.

Sun Wukong volvió a reír y luego cambió la forma del bastón. Primero se hizo grande, luego pequeño, luego mediano. Finalmente quedó pequeño como una aguja y se lo metió detrás de la oreja, a mano para cualquier batalla futura.

Contra el Cielo

Con su nueva arma y su impenetrable armadura de oro brillante (regalo del Rey Dragón para asegurarse de que el mono se fuera), Sun Wukong exploró el mundo en busca de la inmortalidad y quería mostrarle al mundo lo que podía hacer. Primero, se encontró con demonios e inmortales y los abrumó a todos, ya sea con su fuerza o con su simple espíritu travieso y molesto. Finalmente, el rey del inframundo se enteró de su existencia y decidió capturarlo. Logró secuestrar al mono mientras dormía, pero lamentó su acción tan pronto como Sun Wukong despertó.

Al ver que estaba en el inframundo, Sun Wukong decidió aprovechar. Con su bastón siempre en la mano, luchó para liberarse de todos los guardias y luego comenzó a buscar el libro del juez, el libro del rey del inframundo. Con su ventajosa velocidad e ilusión, Sun Wukong finalmente encontró el libro en las profundidades del inframundo. Pasando las páginas, vio su propio nombre. Escritas estaban las palabras: *Muere a la edad de 342 años*. Rápidamente borró su nombre, pensando que esto le aseguraría la inmortalidad. Dejó el inframundo, feliz de saber que finalmente había alcanzado la inmortalidad.

Esta acción molestó a todos los demás inmortales. Nunca nadie había tachado su nombre del libro para volverse eterno. La inmortalidad era algo que se ganaba, algo que se les daba a aquellos que habían alcanzado la grandeza o que habían aprendido las lecciones más importantes de la vida. El rey del inframundo se quejó de que su potestad había sido profanada y de que el Rey Mono le huibera robado uno de sus poderes.

El Emperador de Jade también estaba molesto y decidió tomar medidas. Había oído hablar de las hazañas del mono y sabía que la confrontación directa debería ser el último recurso. En cambio, invitó al Rey Mono al Cielo para unirse al palacio imperial como Protector de los Caballos de los Establos Imperiales. Al principio, Sun Wukong estaba emocionado y feliz de finalmente ser reconocido por los dioses. Al fin conseguía lo que merecía por sus habilidades. Sin embargo, después unos días, se dio cuenta de que el Emperador de Jade simplemente le estaba dando una tarea para mantenerlo ocupado sin hacer travesuras. Se había convertido simplemente en un mozo de caballos.

Sun Wukong estaba furioso y decidió rebelarse. Los guerreros del cielo fueron enviados a luchar contra él, pero resultaron no ser rival. Sun Wukong se mantuvo firme, ileso y rodeado de guerreros desarmados y avergonzados. Se proclamó a sí mismo como el Gran Sabio Igual al Cielo. Ahora todos los inmortales del Cielo estaban enojados con él, el Emperador de Jade sobre todo. Al ver que sus guerreros no eran rival para el Rey Mono, el Emperador de Jade trató de calmar y apaciguar a Sun Wukong con un nuevo título y le dio el honor de cuidar los huertos de duraznos. Sun Wukong aceptó y se sintió tranquilo, pero aún así continuó llamándose a sí mismo el Gran Sabio Igual al Cielo.

Un día, la reina-emperatriz estaba celebrando un banquete con todas las deidades, pero el Gran Sabio Igual al Cielo no figuraba en la lista de invitados. Sun Wukong pronto se enteró y volvió a enfadarse. Comenzó su rabieta comiendo todos los duraznos del huerto, que no son duraznos normales, sino duraznos de la inmortalidad, otorgándose inmortalidad por segunda vez. Esto no era suficiente para él. Sabiendo que todos estaban en la fiesta, el Rey Mono se coló en el barrio de Lao-Tse, el gran fundador taoísta, y robó algunas de sus pastillas de inmortalidad. Habiendo asegurado su inmortalidad tres veces, se sintió listo para desafiar al Cielo. Entró a la fiesta dando vuelta las mesas, bebiendo el vino imperial y desafiando a todos los que se atrevían a oponerse a él. Algunas de las deidades intentaron tomar el control y luchar contra él, pero fue en vano. El Emperador de Jade le ordenó a 100.000 guerreros que lo derribaran. Sun Wukong ganó sin ayuda, su poste variaba de tamaño según lo necesario para derribar a sus oponentes.

Las grandes deidades vieron entonces lo que el Rey Mono le había hecho al huerto, y Lao-Tse se dio cuenta de que su casa había sido saqueada. Lao-Tse y Erlang Shen de tres ojos unieron fuerzas con el resto del Cielo y finalmente lograron dominar y capturar al mono. Intentaron matarlo con fuego, hachas y veneno, pero nada funcionó. Sun Wukong era imposible de matar y un verdadero inmortal. Lao-Tse arrojó a Sun Wukong al horno de ocho trigramas, esperando que eso lo matara. Pero después de 49 días dentro del fuego más atroz, las llamas abrasadoras y la alquimia de los eruditos taoístas, el mono permanecía vivo. Estaba chisporroteando, pero ileso y aún peligroso. De hecho, era aún más peligroso, ya que los incendios le habían dado una visión increíble que podía penetrar y ver a través de cualquier cosa. Sun Wukong se liberó y desafió a los dioses una vez más, desafiando a cualquiera a que lo enfrentara.

El cielo estaba desesperado, ya que ninguno de los dioses podía vencer al Rey Mono. El Emperador de Jade suplicó al Buda, el ser más grande del universo, que los ayudara. El Buda vino y habló con Sun Wukong, sosteniéndolo en la palma de su mano.

"¿Por qué deseas gobernar el cielo?", preguntó el Buda al mono.

"Soy la criatura más poderosa de todo el universo", respondió. "Puedo vencer a cualquiera de las deidades aquí en el cielo. Soy el más fuerte y puedo saltar miles de millas en un solo salto, estando en cualquier lugar que quiera en un instante".

"Si eres tan fuerte, entonces te desafiaré".

El mono se emocionó. Sabía que se destacaba en todos los desafíos. Él era el mejor. "Acepto", dijo Sun Wukong, sin dudarlo.

"Quiero ver si puedes saltar de mi mano. Debería ser fácil para ti. Después de todo, puedes saltar miles de millas".

El Rey Mono se rió y saltó al borde del universo. Cinco pilares lo rodearon y orinó sobre ellos para marcar que había estado allí. Luego saltó hacia atrás, listo para regodearse. Pero nada cambió. En cambio, los pilares se convirtieron en los cinco dedos de Buda. De hecho, nunca había dejado la mano de Buda. Sun Wukong había sido derrotado y, como castigo por todos los estragos que había causado, Buda lo dejó preso bajo la montaña de donde había venido. Durante quinientos años, el Rey Mono estuvo atrapado y tuvo que pensar en todo lo que había hecho.

Sun Wukong: El discípulo budista

Pasó el tiempo y el Rey Mono permaneció bajo la montaña, encerrado lejos de todo para asegurarse de que no causara ningún daño. Un monje budista, que había sido expulsado del cielo y estaba cumpliendo penitencia por sus pecados, estaba ahora en su décima vida. Esta vez se le pidió que fuera en una misión al oeste para encontrar escrituras sagradas budistas y traerlas a China. El nombre del monje era XuanZang o Tang Seng. China había cambiado y era ahora parte de la dinastía Tang, en donde las carreteras eran peligrosas y las cosas ya no eran como antes. El monje era frágil y no estaba preparado para emprender solo este peligroso viaje. Guan Yin, la diosa de la misericordia, lo sabía y le preguntó a Buda qué podían hacer. Le pidió permiso al Cielo para liberar a Sun Wukong para que fuera el protector del monje durante el viaje. El cielo estuvo de acuerdo, incapaz de discutir contra el Buda. Además, el Buda no liveraría al Rey Mono tener en cuenta algunas precauciones. Creó una diadema dorada mágica que colocaría en la cabeza de Sun Wukong, y que permitiría controlarlo. Si el Rey Mono intentaba hacer algo que no estaba permitido o que desagradaba a Tang Seng, sentiría un dolor paralizante en la cabeza, incapacitándolo por completo. Buda y Guan Yin esperaban que este viaje hacia el oeste les enseñara a Tang Seng y Sun Wukong el verdadero significado de ser budista.

Tan pronto Sun Wukong fue puesto en libertad, sintió la diadema dorada en su cabeza e intentó quitársela, pero instantáneamente sintió un dolor en todo su ser. Con el dolor abrasador en todo su cierpo, cayó al suelo y ya no pudo moverse. Se sometió a Tang Seng y aceptó unírsele en la recuperación de los textos. Juntos, se enfrentaron a 81 tribulaciones y pruebas, lucharon contra demonios y tentaciones y se convirtieron en mejores seres.

Al principio de su viaje, conocieron a otros dos personajes que se unieron a su causa.

Pigsy (Zhu Bajie)

Uno de los almirantes del cielo, una de las muchas deidades contra las que Sun Wukong había luchado y vencido cuando causó estragos en el cielo, tenía muchos defectos. Zhu Bajie estaba a cargo de 80 000 marineros, pero a menudo se emborrachaba, comía demasiado e intentaba seducir y dormir con jóvenes doncellas y otras mujeres. En otras palabras, era muy fácil que cayera en los pecados carnales. Un día, vio pasar a la diosa de la luna Chang'e. Ya estaba borracho y la vio extramadamente bella. Zhu Bajie avanzó hasta ella, le coqueteó y trató de obligarla a dormir con él. Este fue el acto final que lo condenó, y fue instantáneamente desterrado del Cielo y enviado a la Tierra en forma de cerdo con capacidades humanas. Pigsy, como se le conocía ahora por su forma, era enorme, gordo y tenía todas las características de un cerdo, pero podía caminar sobre dos patas, hablar y luchar. Todos huían de él porque era una abominación y se veía monstruoso. Construyó su hogar en una cueva, pero se adentraba en las aldeas en busca de comida.

Un día, la diosa Guan Yin pasó en busca de personas para proteger a Tang Seng en su viaje por encontrar las sagradas escrituras. Al ver a Pigsy en la cueva, se detuvo.

"¿Deseas la redención, para expiar tu pasado y ser mejor?", le preguntó.

Se postró en el suelo. "Sí. Estoy arrepentido", dijo.

"Un monje y un mono pasarán por aquí pronto. Te convertirás en monje y te unirás a ellos".

"Sí, mi diosa", dijo.

Luego, Guan Yin desapareció.

Unos meses después, Sun Wukong y Tang Seng pasaron por un pueblo cerca de la cueva de Pigsy. Allí vieron a un monstruoso ser parecido a un cerdo que arrastraba a una niña. "Me casaré contigo", gritaba, mientras la niña lloraba, luchando contra la gran bestia. Tang Seng rápidamente dio su consentimiento a Sun Wukong para intervenir. El Rey Mono dio una voltereta junto al cerdo y lo golpeó con fuerza en el pecho. Pigsy soltó a la niña, furioso por aquella intervención. Rugió y trató de embestir al mono, pero Sun Wukong rió y saltó en el aire, apareció detrás del cerdo y lo pateó con fuerza en el trasero. Pigsy chilló de dolor y se puso colorado. Intentó luchar de nuevo, pero ahora Sun Wukong había perdido la paciencia. Sacó su bastón de combate, lo hizo más grande y volteó a Pigsy hasta caer sobre su propia espalda. Luego se acercó de un salto y lo inmobilizó.

"¿Qué hacemos con las personas que no pueden controlar su lujuria?", le preguntó al monje Tang Seng.

"Les enseñamos a controlarla", respondió el monje. "Déjalo ir".

Sun Wukong hizo lo que le dijeron, temiendo al dolor de la diadema, pero mantuvo un ojo en Pigsy, quien todavía tenía la cara colorada. Se inclinó ante el monje y finalmente ante el mono. En ese momento, Guan Yin apareció de nuevo.

"Este es tu otro compañero", le dijo a Tang Seng. Sun Wukong la miró con asombro, insultado porque su protección no era suficiente y que este cerdo ahora se uniría a ellos.

Tang Seng simplemente inclinó la cabeza hacia ella, siempre tranquilo. Y así, se convirtieron en tres y emprendieron su viaje hacia el oeste.

Sandy (Sha Wujing)

Luego de que Pigsy se uniera a Tang Seng y Sun Wukong, llegaron juntos a un gran río. No solo no podía cruzarse sino que también estaba custodiado por una terrible y feroz bestia que se comería a cualquier humano que se acercara demasiado. Pero este era el camino que los compañeros debían tomar en su peregrinaje y necesitaban que el monstruo pudiera cruzar el río, ya que nadie más podría cruzarlos.

Cuando Pigsy y Tang Seng se acercaron al río, el enorme pez monstruo saltó del agua y se convirtió en un ogro. Tenía el pelo rojo y enmarañado, un largo bastón mágico en la mano y un collar de nueve calaveras alrededor del cuello. El monstruo atacó y Pigsy trató de luchar contra él. Durante un tiempo se mantuvieron en combate, tratando de golpear al oponente y esquivando los golpes perfectamente. Incluso cuando recibían un golpe, a ninguno parecía importarle, y continuaban luchando. Sun Wukong, cuya vista le permitía ver los actos de demonios y brujas, luchaba contra un demonio, pero cuando finalmente logró aparecer, el ogro se convirtió en pez y saltó de nuevo al río. Hasta el pez-ogro había oído hablar de Sun Wukong y sabía que no le sería fácil.

Sin embargo, al momento que el Rey Mono desaparecía de escena, el ogro regresaba y comenzaba a luchar contra Pigsy nuevamente. Era claro que Pigsy no podía derrotarlo, pero tampoco el monstruo podía derrotar a Pigsy. Sun Wukong apareció y de nuevo el ogro saltó al río como un gran pez. Esta vez, sin embargo, Sun Wukong creó una copia de sí mismo y fingió irse del lugar, mientras que el verdadero esperaba que el ogro volviera a salir. Tan pronto el ogro apareció, Sun Wukong luchó contra él y lo obligó a rendirse.

Nuevamente apareció Guan Yin.

"Este es Sandy y será su cuarto y último compañero. Juntos viajarán para encontrar las sagradas escrituras", dijo, antes de volverse hacia el ogro. "En esta misión podrás redimirte. Tu castigo ya no te condenará aquí en la Tierra si te encomiendas a este viaje y lo completas".

Él se inclinó y le dio las gracias. Con eso, ella desapareció.

"¿Y tú qué hiciste?", preguntó Pigsy.

"Una vez, fui general en el Cielo. Pero un día, accidentalmente derribé y rompí la copa de la reina emperatriz. Con eso, perdí mi título y fui desterrado a la Tierra en esta forma grotesca". Mientras contaba la historia, recuperó sus rasgos humanos, y su cabello rojo cambió a color negro. Rió con alegría. "Estoy agradecido por esta misión, es una gran oportunidad".

"Ella mencionó un castigo", cuestionó el Rey Mono, mirándolo intensamente.

"Sí. Vivo en un río para esconderme. Antes de que me echaran, me azotaron 800 veces y me lanzaron un maleficio. Todos los días aquí en la Tierra, bajaban espadas del Cielo y me apuñalaban, pero aquí en el rio no pueden alcanzarme. Este era mi único refugio".

El Rey Mono asintió, pero había ira en sus ojos. Luego se llevó las manos a las sienes y se frotó como si hubiera aparecido un leve zumbido de dolor solo por pensar que los dioses habían sido injustos.

"Por favor, ahora que está con nosotros, ayúdenos a cruzar el río", dijo Tang Seng.

Sandy trajo una calabaza, que convirtió en un bote para cruzar el rio y así continuaron su peregrinación en busca de los textos sagrados.

Comentarios del autor:

La leyenda del Rey Mono es muy conocida y quizás la más famosa de todas las leyendas de China, razón por la cual se le ha dado un poco más de espacio en este libro. Muestra las múltiples líneas de pensamiento y creencias que existen en la mitología china. Al principio, vemos que el Rey Mono es un devoto estudiante taoísta. Sin embargo, no ayuda realmente a las personas con sus habilidades, lo cual es un fracaso en esa creencia, pero sí se domina a sí mismo y a su cuerpo y finalmente logra la inmortalidad, que es el mayor logro posible para cualquier taoísta. Se supone que debemos leerlo como demasiado arrogante y caótico en el clásico literario chino *El viaje al oeste*, donde Sun Wukong debe aprender a controlarse a sí mismo y cumplir el propósito budista. Es también por causa de este libro y este movimiento hacia el budismo dentro de China y el pensamiento chino que se enfatiza a Buda como el ser último, incluso por encima del Emperador de Jade y Lao-Tse. Sin embargo, dentro de este texto budista chino, también vemos otros elementos de la antigua mitología china: demonios, deidades, y hasta otros personajes (compañeros y enemigos) que fueron tomados de otros cuentos antiguos y luego reconstruidos dentro de esta narrativa.

Sun Wukong es un personaje fácil de amar porque es increíblemente talentoso y brillante, pero también es travieso e impredecible. Ha sido utilizado en juegos de computadora, series animadas modernas y películas, y probablemente seguirá siendo un ícono cultural en China.

Capítulo 6: La investidura de los dioses

La arrogancia del Rey Zhou

Durante la dinastía Shang (alrededor del 1100 a. C.) los reyes eran muy duros y crueles. Había un rey llamado Da Yi, y tenía tres hijos. Un día, estaba paseando por el jardín y admiraba su belleza. De repente, cayó una esquina del pabellón. Afortunadamente, su hijo menor, el príncipe Zhou, estaba allí para atraparlo, y lo sostuvo con sus propias manos. Los ministros y consejeros quedaron impresionados y le dijeron al rey que convirtiera a su hijo menor en el próximo rey, ya que tendría la fuerza para gobernar el reino.

Sin embargo, la fuerza física no es suficiente para gobernar un reino y cuando Zhou se convirtió en rey demostró que además era cruel e imprudente. Fue a guerra y tuvo éxito, pero sus ministros comenzaron a advertirle que sus éxitos pronto cesarían sino le rendía homenaje a los dioses. El rey Zhou siguió el consejo y fue al templo de Nüwa. Colocó un incienso junto al altar y murmuró una oración rápida. De repente, una corriente de aire atravesó el templo y el gran velo que cubría la representación de la diosa cayó al suelo. El rey pudo ver su forma, algo que nunca estuvo destinada a los ojos de simples mortales. Su imagen era una obra magistral, la mujer de todas las mujeres, la feminidad misma. El rey Zhou se enamoró instantáneamente y se llenó de lujuria hacia ella. Se quedó boquiabierto y la miró asombrado.

"Oh, Nüwa, la más gloriosa y hermosa de todas las mujeres. Estoy hambriento de ti y te necesito a mi lado. Si tan solo fueras de carne y hueso, me casaría contigo en este instante".

Siguió mirándola y no apartó la mirada. Sus ministros y guardias estaban horrorizados, pero no se atrevieron a levantar los ojos en caso de ver a Nüwa y deshonrarla.

El rey volvió a romper el silencio y esta vez se volvió hacia sus hombres: "Rápido, traigan pinceles y tinta. Debo escribirle un poema para que pueda escucharme y encontrarse conmigo".

Sus sirvientes debieron obedecer y pronto trajeron la tinta que el rey necesitaba. El rey Zhou comenzó a escribir en las paredes del templo.

Su belleza incomparable, como moda de arcilla y pintura,
Formas y figuras que a cualquier hombre inspira,
Frutos maduros y firmes, con un jardín de lo más frondoso.
Si solo fuera de carne y hueso, la tendría en mi palacio.

Los ministros estaban horrorizados, tanto por la escritura sobre la pared como por su contenido. Uno de ellos habló:

"Mi rey, no soy más que tu humilde servidor, pero, por favor, Nüwa siempre ha protegido a nuestra gente. Ella es una diosa y está muy por encima de nuestra humilde posición. Este poema es un insulto. Ella no lo dejará pasar y el mal caerá sobre nuestro reino".

"Tonterías", dijo el rey, aún desbordado de lujuria, pero sintiendo un poco de ira. "Este poema es un elogio a su belleza y todos deberían verlo. Es mi regalo para ella y el reino. No escucharé más reproches".

Después de eso, nadie se atrevió a hablar, pero todos temblaron de miedo por lo que sucedería.

La furia de Nüwa

Cuando Nüwa regresó de su viaje y llegó a su templo, vio el poema en la pared y gritó de rabia. Inmediatamente voló al palacio para matar al rey Zhou por su arrogancia y deshonra. Sin embargo, tan pronto como lo vio, pudo ver los zarcillos del tiempo a su alrededor: vio su fortuna, su futuro y su pasado. Reinaría veintiocho años más, como había decidido el Cielo hacía mucho tiempo cuando su antepasado ganó siglos de suerte. Controló su ira y supo que cobraría venganza por otros medios.

Convocó a tres espíritus a su templo y los envió para causar daño y decadencia al rey Zhou, pero no deberían lastimar a nadie más. Si tenían éxito, les daría cuerpos humanos y vida.

Mientras tanto, en el palacio, el rey Zhou no podía pensar en nada más que en la belleza de Nüwa. Ese pensamiento lo consumía día y noche. Soñaba con ella y pensaba en ella y su reino sufría. Los ministros a los que siempre había escuchado ahora le parecían unos tontos y comenzó a apreciar más los halagos de los tontos. Cuando dos de estos ministros se acercaron a él, compartió su lucha con ellos.

"Ya nada tiene propósito o significado. Nada se compara con la belleza de Nüwa. ¿Que puedo hacer?", preguntó.

"Mi rey", dijeron. "Debes enviar un mensaje a todos tus duques y ministros. Pregúntales por las chicas más bellas de esta tierra. Con mil jóvenes doncellas para elegir como concubina, ya no estarás deseando ninguna otra belleza".

Su consejo tenía sentido para el rey y pidió que se emitiera el decreto.

Muchos de los duques y ministros se indignaron. El rey ya tenía esposa y dos concubinas junto con mil hermosas mujeres que lo servían. Claramente, ya no necesitaba más. Todos sabían lo mucho que esto molestaría a la gente. Uno de ellos convenció al rey de que retirara su decreto. Confiando en el ministro, que había servido muy bien a su padre, el rey Zhou finalmente acordó retirar el decreto.

Unos años más tarde, llegó el momento de que todos los duques y ministros lo visitaran y le dieran regalos. Uno de ellos era un hombre sencillo y honesto al que no le gustaban los ministros halagadores que endulzaban la oreja del rey. A estos ministros tampoco les agradaba este señor y le dijeron al rey que este duque, Su Hu, tenía una hija muy hermosa y que tomarla como su concubina no molestaría a la gente, ya que sería solo una mujer en lugar de mil. Al rey le gustó la idea y envió el mensaje a Su Hu para que trajera a su hija, ya que quería apreciar su famosa belleza. Su Hu se negó y se produjo la guerra, pero después de algunas batallas, Su Hu decidió rendirse y llevó a su hija al palacio. En el camino, fueron atacados por un espíritu de zorra, uno de los tres espíritus que había sido enviado por Nüwa, quien mató a la hija de Su Hu y tomó su lugar.

Cuando llegaron al palacio, el rey estaba furioso al ver que Su Hu todavía estaba vivo y quería que lo ejecutaran.

"Ha traído a su hija. Está afuera". Los otros ministros del rey le aconsejaron que espere. "Primero vea si su belleza agrada a sus ojos, y si es así, perdone a Su Hu, ya que siempre fue un buen y leal duque antes de este incidente".

El rey estuvo de acuerdo y cuando sus ojos se posaron en Daji, el espíritu zorro, se enamoró profundamente. Era más hermosa que la más hermosa víspera de verano. Sus movimientos eran elegantes y se balanceaba como una flor de cerezo en la brisa. Estaba lleno de lujuria ciega por ella e instantáneamente perdonó a Su Hu. Luego tomó a Daji en sus brazos, la miró a los ojos y quedó hipnotizado. Pidió a los sirvientes que la llevaran a su palacio. Luego de que la bañaran, se reunió con ella en los aposentos del palacio y no salieron de la habitación durante tres meses. Nadie vio al rey en ese tiempo. Cada momento que estaba despierto lo pasaba con Daji, encantado por su cuerpo y apariencia. Los informes se acumulaban. La guerra había estallado con gigantes y monstruos. El hambre había azotado el este. Pero el rey se quedó en su palacio con Daji, complaciéndose con el vino y la lujuria, mientras Nüwa se reía de su declive.

Comentarios del autor:

La investidura de los dioses es un cuento largo, y esto es simplemente un breve extracto que muestra cómo comienza. Después de muchas batallas y sucesos, el cuento termina con muchos héroes glorificados con el Cielo como inmortales, formando así un panteón de dioses, que es como el libro obtuvo su nombre. El libro es una recopilación de mitos y leyendas que rodean esta época tumultuosa y muestra el surgimiento de los inmortales taoístas.

Capítulo 7: Los tres reinos

Todas las cosas unidas eventualmente deben dividirse, y todas las cosas divididas eventualmente se unirán. La dinastía Han había gobernado durante mucho tiempo, pero con la ascensión del emperador Huang, comenzó su declive. Depuso y humilló a muchos señores, gobernadores y nobles. Elevó a los eunucos y los puso en nuevas posiciones de poder, dándoles cada vez más influencia. Otras personas y señores de la guerra se enojaron al ver que la corrupción se extendía por el palacio y el reino. Sin embargo, no pasó nada durante un tiempo, y pronto el emperador Huang falleció y fue reemplazado por el emperador Ling. El emperador Ling era demasiado joven para gobernar cuando llegó al poder, por lo que Dou Wu, que supervisaba el ejército, y Chen Fan, que supervisaba la educación, gobernaron en su lugar y le aconsejaban. Vieron la influencia negativa que tenían los eunucos y quisieron acabar con ella asesinando al eunuco principal. Lamentablemente, los eunucos se enteraron y, en cambio, los asesinados fueron ellos, lo que solo continuó el declive de la dinastía Han.

En ese momento, comenzaron a ocurrir incidentes locos en todo el país. Las tormentas eran mucho más frecuentes, los mares bramaban de manera inesperada, atacando incluso las aldeas costeras de formas nunca antes vistas, los terremotos azotaban ciudades y, lo que era peor, ocurrían incidentes sobrenaturales. El primero de ellos afectó al propio joven emperador. Un día, entró en una habitación para relajarse y de repente, con una brisa, una serpiente verde voló por la ventana y aterrizó en su silla. El emperador Ling estaba tan asustado que se desmayó en el acto. Los asistentes se llevaron al emperador, quitándose la serpiente de encima. En las aldeas, las hembras se convirtieron repentinamente en gallos machos. Los ríos se inundaron, los vientos soplaron en direcciones equivocadas y hubo tormentas eléctricas sin lluvia. El emperador estaba aterrorizado y aún era muy joven para saber qué hacer. Envió un edicto preguntando a todos sus asesores qué podían significar estos signos y por qué estaba sucediendo todo esto.

Uno de estos asesores fue brutalmente franco y envió una carta destinada solamente al emperador, culpando de todo al hecho de que el emperador y el país estaban gobernados por mujeres y eunucos. Sin embargo, uno de los eunucos encontró la carta y la leyó antes de que llegara al emperador. Cuando los eunucos leyeron la carta, comenzaron a conspirar. En poco tiempo, desterraron al asesor y lo enviaron a su ciudad natal, lejos de la corte. Después de eso, el gobierno se hundió aún más y los bandidos comenzaron a aparecer por todo el país cuando la gente comenzó a rebelarse.

En ese momento, Zhang Jue, un disidente, conoció a un anciano mientras estaba en las montañas. El hombre tenía una barba larga y llevaba un bastón en una mano y un gran libro en la otra. Este libro se tituló *El arte esencial de la gran paz*, y el hombre se lo dio a Zhang Jue y le pidió que lo estudiara para lograr la paz en la tierra. El hombre se presentó como un inmortal enviado para entregar este libro. Zhang Jue leyó el libro y compartió sus secretos con sus dos hermanos. Los tres se convirtieron en sanadores y curaron a muchas personas, pero se dijo que Zhang Jue también podía controlar el clima y mucho más, ya que se había convertido en un gran hechicero. Zhang Jue y sus hermanos habían visto el declive del reino. Pensaban que el emperador había perdido su Mandato del Cielo y que ya era hora de una nueva era. Esto desató una rebelión sangrienta y espantosa.

Finalmente, las fuerzas del emperador vencieron la rebelión comandada por He Jin, el general del emperador. Pero durante este tiempo, el emperador Ling había fallecido, posiblemente asesinado, pero nadie pudo identificar quién estuvo detrás de aquello. He Jin colocó un nuevo emperador para que sirviera como figura. Los eunucos vieron que He Jin se estaba volviendo demasiado poderoso y no les gustó en absoluto. Temían que pronto los destituyera y despojara de su poder, por lo que lo mandaron asesinar. Tras su muerte, los seguidores de He Jin se rebelaron y lucharon contra los eunucos y sus fuerzas. Durante la conmoción, el emperador huyó.

Un señor de la guerra, Dong Zhuo, lo encontró y recuperó la ciudad imperial que estaba en manos de los seguidores de He Jin y de los eunucos. Devolvió el poder al emperador y afirmó que había recuperado la ciudad por él; pero, por supuesto, Dong Zhuo tenía el poder real como gobernante. Afirmó estar protegiendo al emperador, pero pronto lo depuso y encontró otro niño emperador para usarlo como marioneta. Dong Zhuo gobernó como un tirano y la tierra siguió sufriendo. Intentaron asesinarlo, pero fracasaron.

Uno de estos intentos de asesinato fue llevado a cabo por un guerrero y general llamado Cao Cao. Después de su fallido esfuerzo, se vio obligado a huir, pero logró formar una banda de seguidores y guerreros. Envió un decreto imperial falso, en el que les dijo a todos los señores de la guerra que Dong Zhuo mantenía al emperador prisionero y cómo esta tiranía necesitaba terminar. Los señores de la guerra se aliaron con Cao Cao para liberar al emperador, y juntos comenzaron a luchar contra Dong Zhuo. Se llevaron a cabo grandes batallas y Cao Cao y sus fuerzas las ganaron todas, presionando a Dong Zhuo.

Dong Zhuo pronto se dio cuenta de que estaba librando una batalla perdida y se retiró de la capital, dejando al emperador allí. En cambio, trató de encontrar una defensa más fuerte en su propia ciudad natal. Por desgracia, rodeado de familiares en su propia fortaleza, su hijo lo mató.

Mientras tanto, Cao Cao había capturado la capital y ahora tenía al emperador a su cuidado, y juraba protegerlo. En realidad, el emperador seguía siendo una figura decorativa, solo que con un nuevo maestro titiritero.

Ahora, debemos viajar al pasado para visitar a un joven llamado Liu Bei. Liu Bei había visto la rebelión y los estragos que había causado Zhang Jue. Liu Bei siempre había sido especial y sabía que había sido enviado del Cielo. Podía rastrear su linaje muchos siglos atrás hasta el Emperador Jing: estaba en la línea de los gobernantes elegidos del Cielo. Cuando Liu Bei vio esta rebelión contra la familia imperial por parte del hechicero Zhang Jue, se indignó y reunió a su propia gente a su alrededor para luchar contra el levantamiento. Ayudó a He Jin y a las fuerzas imperiales a vencer a los rebeldes, pero después de que la rebelión fue derrotada, Liu Bei apenas recibió reconocimiento. Fue nombrado prefecto de un pequeño país, pero con la gran cantidad de corrupción presente en el gobierno, rechazó el cargo.

En cambio, Liu Bei siguió luchando; luchó contra Dong Zhuo, el hijo de Dong Zhuo, y finalmente contra Cao Cao.

Durante el reinado del emperador de Cao Cao, el reino Han continuó con su guerra civil y su declive. En medio del caos, Cao Cao reunió a su ejército para intentar reunificar China. Luchó contra Liu Bei y otro señor de la guerra llamado Sun Quan, que había estado tomando territorio en el este. Liu Bei y Sun Quan ganaron.

Con la muerte de Cao Cao, se perdió la pretensión de un emperador gobernando China ya que su hijo, Cao Pi, decidió proclamarse emperador. Por supuesto, Liu Bei y Sun Quan no estuvieron de acuerdo, ambos poseían grandes extensiones de tierra en China. Ellos también se declararon reyes y eventualmente emperadores de su tierra. Así nacieron tres reinos y la tierra se partió en tres.

Comentarios del autor:

"Three Kingdoms" tiene múltiples facetas. Es un período histórico en el que el país se dividió en tres reinos, y también es una obra literaria en forma de *El romance de los tres reinos*, que entrelaza leyendas, mitos e historia que se conservan oralmente.

Esta historia, junto con *La investidura de los dioses*, muestra lo que significa perder el Mandato del Cielo, que es un concepto increíblemente importante en China, incluso hoy en día. Significa que las autoridades gobernantes son vistas como elegidas por el Cielo y están destinadas a gobernar. Sin embargo, tan pronto como el reino está en declive y hay señales que muestran desaprobación del Cielo, significa que el Mandato se ha roto, lo que a su vez permite la rebelión y la revuelta. Esta idea también se muestra en la historia del Rey Mono; debido a que el Emperador de Jade y el panteón taoísta no pudieron derrotar a Sun Wukong, su tiempo había pasado y esto mostraba la necesidad del budismo y cómo se había convertido en la creencia dominante en ese momento.

Capítulo 8: Mitología moderna, Los niños calabaza

Érase una vez, un anciano que escalaba montañas en busca de hierbas con poderes curativos. Un día, encontró una montaña que tenía la forma exacta de una calabaza. Mientras trepaba, tropezó y cayó. Lo que no sabía era que en su caída había liberado a dos espíritus malignos que habían estado encerrados debajo de la montaña durante mucho tiempo. Uno era un espíritu hembra con cuerpo de serpiente, mientras que el otro era un espíritu macho con aspecto de escorpión. Ambos tenían poderes mágicos e inmediatamente comenzaron a aterrorizar a los pueblos cercanos como lo hacían antes de ser capturados.

Afortunadamente, la montaña también guardaba el secreto para recapturar a los demonios y derrotarlos para siempre. En el fondo había una calabaza que irradiaba todos los colores del arco iris. El anciano logró encontrarla y recuperó una semilla. Cuando obtuvo la semilla, la montaña se partió al medio. El anciano se llevó la semilla a su casa y la plantó. Al día siguiente, ya se había convertido en una planta de calabaza.

A la planta le habían crecido siete calabazas, todas de diferentes colores. Crecían a diferentes velocidades, pero todas estaban creciendo de manera saludable y todas tenían un color único.

Mientras las calabazas crecían, los demonios se regocijaban por su libertad, y se deleitaban con la comida que tomaban de las aldeas. También reunieron a otras criaturas y demonios para unirse a ellos. De vez en cuando, tomaban su forma de serpiente y escorpión para aterrorizar aún más el área.

El demonio de mujer serpiente tenía un artefacto específico que le permitía invocar armas mágicas. Un día, lo usó para producir un espejo y exploró la tierra a su alrededor. Al mirar a través de su espejo, vio la planta de calabaza y cómo esta estaba creciendo. La planta de calabaza infundió miedo en su corazón, por lo que envió a sus secuaces para atacarla. Un enjambre entero de abejas demoníacas fue a matar la planta con su veneno, pero una de las calabazas, la verde, sopló fuego y las mató a todas.

El demonio serpiente luego envió una serpiente que escupe fuego para atacarlos, pero mientras trataba de quemar la planta, la calabaza azul arrojó agua para salvarlos.

El anciano estaba mirando desde su ventana, y al ver a la serpiente atacar la vid, salió a matarla. Al salir de su casa, el demonio serpiente había llegado para capturarlo y llevárselo. Ninguna de las calabazas estaba madura todavía, así que permanecieron impotentes, colgadas de la planta mientras se llevaban al anciano.

La calabaza roja

Al día siguiente, la calabaza roja se sacudió brutalmente. Luego, con un fuerte crujido, se partió por la mitad y salió un niño vestido de rojo. Era el mayor de los niños y se llamaba Gran Hermano. Todos los niños calabaza eran fuertes, rápidos y podían saltar alto, pero el Gran Hermano era particularmente fuerte y tenía una habilidad especial que le permitía cambiar de tamaño, volviéndose enorme cuando quería. El Gran Hermano fue a la aldea más cercana y vio la destrucción que había arrasado al lugar. Por todas partes había huesos y descomposición, y las granjas y casas habían sido incendiadas. Viajó un poco más allá de las aldeas hacia las montañas para atacar a los demonios y traer de vuelta al anciano. Al llegar a la montaña, una gran piedra cayó y trató de aplastarlo, pero él la levantó y la tiró. Continuó vagando por las montañas hasta que vio una cueva. En el interior, encontró a los demonios escorpión y serpiente y les dijo que devolvieran al anciano o destruiría su cueva.

"No puedes destruir nuestra cueva porque el anciano también está aquí", dijo la mujer serpiente. "Déjame llevarte con él y podrás verlo".

El Gran Hermano no era la calabaza más brillante, y decidió seguirla. Allí vio al anciano acostado en una mesa de piedra. Corrió hacia el anciano para llevarlo de regreso a casa, pero tan pronto como lo tocó, el anciano desapareció y todo el lugar se convirtió en arenas movedizas. Estaba atrapado y no podía escapar, y sus poderes no sirvieron de nada.

La mujer serpiente y el hombre escorpión decidieron mantener al niño atrapado para atraer al resto de los niños hacia ellos también, para que pudieran capturarlos y matarlos a todos juntos.

La calabaza naranja

Al día siguiente, la calabaza naranja comenzó a temblar y salió un niño naranja. Este niño tenía gran visión y audición. Incluso desde su casa, podía ver a su hermano atrapado en lo profundo de la montaña. El niño naranja tenía que ser mucho más cuidadoso y confiar en su ingenio, ya que no tenía poderes físicos reales. Viajó a las montañas y atrajo a los guardias con algunos obsequios. Una vez dentro de la cueva, el segundo niño buscó una forma de deshacerse del artefacto de la mujer serpiente, pero estaba escondido detrás de una roca impenetrable. Buscando una manera de pasar la roca, viajó a una caverna profunda donde la mujer serpiente había colocado dos espejos gigantes. Allí, quedó cegado por los reflejos que producían. Sus ojos sufrieron un gran dolor y luego el demonio serpiente salió y también dañó sus oídos. Ya no podía ver ni oír y la serpiente lo metió en la cárcel con el anciano.

La calabaza amarilla

En prisión, fueron encontrados por una criatura topo que los sacó de la montaña. Los demonios pronto se dieron cuenta de que el segundo hermano y el anciano habían huido y los persiguieron. Cuando el hombre escorpión los alcanzó para recuperarlos, apareció una calabaza amarilla. Todavía no estaba abierta. El demonio escorpión trató de cortarlo por la mitad, pero en cambio eso produjo al hermano amarillo, cuyo superpoder era la invencibilidad. Resistió fácilmente los ataques del hombre escorpión, permitiendo que el segundo hermano y el anciano escaparan a casa. El hermano amarillo atacó al hombre escorpión por la espalda, y sus dedos rompieron las garras y la espada del escorpión. El demonio huyó, teletransportándose con una voluta de humo negro detrás de él. Sin embargo, el tercer hermano no se dejó intimidar fácilmente y lo persiguió hasta la montaña. Allí atravesó las puertas, con las manos más duras que el acero o el hierro. Encontró el espejo de los demonios que les había permitido ver a los niños calabaza creciendo en la vid y lo destruyó.

La mujer serpiente apareció, furiosa. Trató de atacar al niño amarillo, pero él se rió de ella y dejó que lo golpeara con su espada.

"Saca todas tus armas. Las destruiré todas", dijo riendo.

"Si puedes resistir tres de mis ataques, liberaré a tu primer hermano y me rendiré", dijo el demonio serpiente.

El niño volvió a reír. "Fácil. Haz tu mejor esfuerzo". Inclinó el cuello hacia adelante.

La mujer serpiente sacó una espada nueva y lo atacó. No pasó nada.

"¿Es eso lo mejor que tienes?", se burló el niño. "Deberías rendirte y devolverme a mi hermano ahora mismo".

Ella lo atacó de nuevo, pero fue en vano.

Él volvió a reir. "Último intento".

Esta vez la espada se dobló y se convirtió en miles de espadas fibrosas, y en lugar de lastimar al tercer hermano, lo envolvieron y lo ataron. Su invulnerabilidad no ayudó contra esto, y los demonios lo encerraron en lo profundo de la montaña.

Las calabazas verde y azul

Al día siguiente, nacieron dos niños más, el verde y el azul. El azul inmediatamente comenzó a regar la vid para asegurarse de que los demás pudieran seguir creciendo. Una vez terminada esta tarea, las dos calabazas se dedicaron a la tarea de liberar a sus hermanos. Esta vez, sin embargo, el anciano les advirtió que no fueran ellos mismos contra los demonios. En cambio, debían encontrar hierbas que pudieran curar el oído y la vista del segundo hermano. De esa manera, podrían obtener información sobre dónde estaban escondidos los otros hermanos ahora y qué estaban haciendo los demonios.

Los hermanos verde y azul se dirigieron a buscar hierbas y vieron la hambruna que había en la tierra. En todas partes, había destrucción y tierra seca. El niño azul regaba las tierras, mientras que el verde prendía fuego todas las plagas y serpientes que aterrorizaban la zona.

Mientras tanto, los demonios buscaban una olla mágica antigua que les permitiera destruir a los niños calabaza. En lo profundo de un lago, encontraron la olla, pero cuando la sacaron, brotó un fuerte fuego que casi los destruyó.

Los dos niños vieron el fuego en la montaña y corrieron hacia él. El hermano azul rápidamente envió agua a las llamas para extinguirlas, mientras que el hermano del fuego succionó un poco. Luego vieron a los demonios que estaban felices de haber sobrevivido al fuego.

"Tenemos que agradecerles, niños", dijeron. "Nos han salvado".

"Podemos prenderle fuego de nuevo", dijo el niño calabaza verde.

"No es necesario", dijo la mujer serpiente, "¿por qué no nos dejas darte las gracias? Haremos una fiesta para celebrar este glorioso día".

"Libera a nuestros hermanos también".

"Por supuesto, por supuesto", dijeron los demonios.

Los niños fueron persuadidos y siguieron a los demonios de regreso a la montaña.

Cuando llegaron a la montaña, los demonios los llevaron a un lugar donde el agua les bloqueaba el camino.

"Solíamos cruzar por aquí, pero ayer se inundó", dijo la mujer serpiente. "Tendremos que tomar el camino más largo".

"Tonterías", dijo el hermano azul y abrió la boca y succionó el agua, abriéndoles el paso.

Llegaron a lo profundo de la cueva donde los demonios habían preparado un festín.

"Tu pasillo está muy frío", dijo el niño de fuego verde. "Lo arreglaré". El fuego brotó de su boca y todas las antorchas y hogares se encendieron.

"Ambos son tan impresionantes. Sus habilidades se comparan con las de los dioses", dijo el demonio serpiente. "Para celebrar sus habilidades, bebamos vino juntos".

Sacó una copa llena de vino de su artefacto y se la pasó al hermano verde. Vació el vaso e instantáneamente comenzó a tambalearse.

"El vino estaba frío", dijo arrastrando las palabras, y luego se quedó profundamente dormido.

"¡Hermano!", exclamó el hermano azul.

"Vaya, una copa de vino y se emborrachó", se burló el hombre escorpión.

"¡Pruébame!", dijo el hermano azul. "Dame todo tu vino".

El demonio escorpión y la mujer serpiente abrieron todos sus barriles de vino, y el hermano azul simplemente se sentó en su asiento y lo tomó todo. En unos momentos, todo el vino se había acabado.

"¿Eh, eso es todo lo que tienes? Apenas tuve tiempo de probar el vino antes de que se acabara", dijo el hermano azul.

El demonio escorpión estaba indignado. "¡Bebió todo nuestro vino!" La dama serpiente miró al niño, horrorizada, tratando de pensar rápidamente en un nuevo plan para engañar al niño. Le pidió a su artefacto mágico una nueva arma para usar y apareció un cuenco enorme. En el cuenco había un vino nuevo, dulce y fragante.

"Mmm", dijo el niño azul, "eso parece un vino maravilloso".

"Hagamos un trato entonces", dijo la dama serpiente. "Si puedes vaciar este cuenco, te daremos lo que quieras".

"Tranquilo", dijo el hermano del agua y volvió beber el vino. Cayó directamente a su boca abierta. El cuenco se vació y el hermano azul comenzó a balancearse. Antes de que pudiera siquiera mirar para ver cuánto había bebido, el cuenco se había llenado de nuevo. Lo vació una y otra vez hasta que finalmente se derrumbó, noqueado por todo el alcohol.

Los demonios se rieron y la dama serpiente instantáneamente sacó su artefacto para congelar al hermano del fuego para que no pudiera despertar y escapar. El hermano azul también fue atrapado.

La calabaza azul oscuro

Al día siguiente, de regreso a la casa, los pájaros trajeron la planta mágica que el segundo hermano necesitaba para restaurar su vista y oído. Unas gotas de néctar cayeron en sus ojos y oídos y de repente sus sentidos se recuperaron. Justo cuando esto sucedió, vino un viento maligno y aparecieron los demonios. El demonio escorpión rápidamente atacó al anciano y lo envió por un acantilado, mientras que los secuaces murciélagos demoníacos atacaron al segundo hermano, capturándolo con una red. La dama serpiente se rió y arrancó las dos últimas calabazas de la planta antes de que pudieran abrirse.

Los demonios capturaron rápidamente al segundo hermano y llevaron a todos, incluidas las calabazas por nacer, de regreso a su cueva y decidieron que encontrarían una manera de convertir a los niños calabazas en una poción de inmortalidad. Pero dos de las calabazas todavía no estaban maduras.

"Tal vez podamos convertirlos en nuestros hijos", dijo el demonio serpiente y colocó la planta sobre un pozo de oscuridad y maldad.

Pero tan pronto como lo hizo, la sexta calabaza saltó de la planta y se abrió.

Pero no apareció nada. De repente, los demonios estaban siendo pateados y golpeados, y se dieron cuenta de que el niño tenía el poder de la invisibilidad. El niño se escapó antes de que pudieran encontrarlo.

Mientras tanto, al anciano, que había sido arrojado por un acantilado, locdespertó un águila. El animal lo tomó sobre sus alas y lo llevó a la montaña de calabazas. Allí, la montaña le habló.

"Has despertado a casi todos los siete niños calabaza, pero te olvidaste de llevarte el loto arcoíris. Sin él, no pueden combinar sus poderes y derrotar a los demonios. Dejaré que regreses a mí y lo encuentres. Llévaselo y ayúdales a salvar esta tierra".

"Los niños ya han sido destruidos por los demonios. ¡Es demasiado tarde!", dijo el anciano.

"No están muertos todavía, simplemente los han capturado. Vamos. Encuentra el loto arcoíris y llévaselo".

Apareció una nube y el anciano se subió a ella. Voló hacia la montaña y lo llevó a su interior, donde pudo ver una flor de loto arcoíris esperándolo. Lo tomó y fue rápidamente transportado fuera de la montaña.

El anciano voló a casa sobre el águila, sosteniendo la flor de loto arcoiris en la mano. Encontró la casa destruida, sin ninguna de las calabazas. En cambio, varios secuaces demoníacos habían estado esperando su llegada. Lo atraparon y lo llevaron de regreso a la cueva de los demonios.

De vuelta en la guarida del demonio, el séptimo hermano todavía estaba en su calabaza, colgando sobre el pozo de la oscuridad. Allí los demonios lo cultivaron, hablándole y vertiéndole ungüentos malignos, tratando de convertirlo en malo.

Mientras tanto, el hermano azul oscuro exploró la montaña de los demonios y encontró a todos sus hermanos, pero no pudo liberar a ninguno de ellos. Finalmente, encontró a su segundo hermano y le pidió ayuda para encontrar el artefacto de la dama serpiente.

"Lo tiene el demonio escorpión", reveló el segundo hermano. "Está dormido ahora mismo, pero podría despertar pronto. Parece que los demonios siempre se lo mantienen cerca".

"Encontraré la manera de conseguirlo", dijo el hermano azul oscuro.

El sexto hermano todavía estaba merodeando por la montaña de los demonios y encontró al demonio escorpión comiendo y bebiendo vino. Usó su invisibilidad e hizo que el demonio derramara la comida varias veces. Luego se burló del hombre escorpión. El demonio estaba indignado y les dijo a todos sus secuaces que lo atraparan. La dama serpiente llegó y ella también se unió a la persecución. Todos intentaron atrapar al niño azul oscuro, pero él los esquivó, cambiando constantemente de lugar. Ni siquiera las redes o la escarcha servían para atraparlo, ya que las esquivaba y en su lugar hacía que el demonio serpiente congelara accidentalmente al hombre escorpión. Mientras intentaba congelarlo, había usado el encantamiento necesario para el artefacto. Ella rápidamente lo derritió, usando el mismo encantamiento. Tanto los demonios como sus secuaces estaban indignados y buscaron por todas partes al niño azul oscuro, pero no pudieron encontrarlo.

Finalmente, los demonios se cansaron y se fueron a dormir, sosteniendo su precioso artefacto en las manos. El hermano azul oscuro esperó hasta que se durmieran profundamente. Sacó una hoja de su ropa y le hizo cosquillas al hombre escorpión para hacerle estornudar. Mientras el escorpión estornudaba, dejó caer el artefacto que había estado sosteniendo con cuidado. Antes de que cayera al suelo, el sexto niño lo recogió. Rápidamente corrió hacia donde estaban escondidos todos sus hermanos y descongeló al hermano verde, liberó al amarillo de sus cuerdas y salvó a los demás de sus trampas.

La calabaza violeta

Los seis hermanos fueron a buscar al último hermano violeta que estaba encapsulado en una prisión negra, sobre un oscuro caldero del mal.

"¡Estamos aquí para salvarte, hermano!", dijeron.

"¿Hermano? No tengo ningún hermano. ¡Vete o llamaré a mamá!", dijo, todavía dentro de su calabaza.

Los hermanos lo dejaron y comenzaron a atacar a los secuaces para encontrar a los demonios y finalmente acabar con ellos, de una vez por todas.

Sin embargo, el anciano finalmente había llegado, y el demonio serpiente y el hombre escorpión lo llevaron a ver al séptimo niño. En ese momento, el niño violeta salió de su calabaza. A diferencia de sus hermanos, su calabaza no se rompió, sino que salió fantasmalmente. La calabaza se encogió y el niño la mantuvo en sus manos porque ahora era su poder y arma. No reconoció al anciano y anunció su amor por la mujer serpiente, llamandola su madre.

"Hijo", dijo, "estamos siendo invadidos por los terrores que este hombre nos ha traído".

"No te preocupes, madre", dijo el niño. "Me ocuparé de ellos con mi calabaza".

En ese momento llegaron los hermanos cuarto y quinto.

"Suelta a mi hermano y a nuestro abuelo", dijo el hermano verde. "O escupiré fuego".

"Yo te ahogaré en agua", gritó el hermano del agua.

"¡Vete! ¿Cómo te atreves a atacar este lugar?", gritó su hermano menor.

"Estás confundido, hermano. Detén esta locura", le dijeron.

"¡No, defenderé a mi madre y a mi padre!".

El hermano verde les disparó fuego, pero el hermano violeta lo absorvió todo con su calabaza. Lo mismo sucedió cuando el hermano azul atacó con agua. El hermano violeta pudo absorber todo y luego devolvió el fuego con un hechizo, lo que provocó que los otros dos hermanos se atacaran entre sí.

El hermano rojo y amarillo también llegaron, pero ellos también acabaron atacándose entre sí. El hermano violeta luego los absorbió en su calabaza, aprisionándolos.

El hermano naranja y azul oscuro también estaban cerca, pero aún escondidos.

"Puedo lidiar con él. Todavía tengo esto", dijo el hermano azul oscuro, sosteniendo el artefacto de los demonios. Se volvió invisible y luego pronunció el encantamiento y se lo envió a su hermano. Pero la calabaza del séptimo niño lo absorbió.

"¿Quién nos ataca ahora?", preguntó el séptimo hermano, indignado. "Yo me ocuparé de ellos". Levantó su calabaza y chorros de agua brotaron de ella, encontró al sexto y segundo hermano y los aprisionó en la calabaza también.

El anciano lloró abiertamente. Recordó la hermosa planta que había plantado con niños llenos de potencial y poderes. "Te has vuelto contra tus hermanos", le dijo al hermano violeta. "No recuerdas nada de la atención que te brindamos. Yo era tu cuidador. Tu abuelo".

Ante esto, el hermano violeta comenzó a llorar. Podía sentir la verdad de lo que decía el anciano y el dolor resonaba dentro de él.

"Está mintiendo, hijo", dijeron los demonios, pero había ira en sus voces.

"Madre", dijo el niño violeta, con lágrimas aún en los ojos. "Tengo todos los terrores dentro de esta calabaza. ¿Qué hacemos con ellos ahora?".

"Ven, debemos asegurarnos de que nunca regresen". Los demonios llevaron al niño y al anciano a la olla que habían encontrado, la olla de las llamas eternas.

"Viértelos aquí", dijo el demonio serpiente.

El niño violeta hizo lo que le dijo.

"Tu calabaza es realmente impresionante", dijo la dama serpiente. "¿Puedo verla?".

"Solo por un tiempo. Es mía", dijo el niño.
"Por supuesto. Sé que es tuya. Nunca me la quedaría".

Le entregó la calabaza. Inmediatamente, ella lo apuntó con la calabaza y esta lo absorvió, para luego enviarlo también a la olla de llamas.

El loto arcoiris

La olla ardió y salió mucho humo, pero luego se detuvo. Se derramaron olas de agua y la olla dejó de arder. Al ver esto, el anciano se rió.

"Te meteré a tí también si te ríes de nuevo", dijo el hombre escorpión.

"Tú has causado tu propio fracaso", dijo el anciano. "Dividiste tanto a los niños que no pueden formar una sola píldora de inmortalidad e invencibilidad. Pero puedo ayudarte en eso. Puedo unirlos para que se transformen".

"¡¿Tú?! ¡Ja!", el demonio escorpión se burló.

"Espera, veamos qué puede hacer el anciano. ¿Qué puede pasar de malo?", dijo la mujer serpiente.

Ante esto, el anciano sacó el loto arcoíris y proclamó: "¡Con esto los siete niños pueden unirse y convertirse en uno para derrota a todos los demonios!" Lanzó el loto arcoiris hacia la olla y se cernió sobre ella, liberando gotas de cada color. Con eso, los siete niños fueron convocados fuera del caldero y dentro del loto, antes de convertirse en su propio tamaño.

Los demonios rápidamente agarraron al anciano, sosteniendo un cuchillo en su garganta.

"No nos lastimes o mataremos a tu amado abuelo", dijeron.

"No te preocupes por mí. ¡Solo mata a estos demonios!", exclamó el anciano.

Los niños dudaron y luego el demonio serpiente sacó la calabaza del hermano menor.

"¡Los llamaré de vuelta, niños terribles!".

El anciano se empujó hacia atrás contra el demonio escorpión que lo tomó por sorpresa. Luego se abalanzó sobre el demonio serpiente y le hizo soltar la calabaza, que el hermano violeta recogió rápidamente. Pero antes de que los hermanos pudieran reaccionar, el demonio escorpión apuñaló al anciano por la espalda.

Los hermanos instantáneamente comenzaron a luchar juntos como uno y usaron todos sus superpoderes contra los demonios. Después de que los demonios fueron quemados, inundados y aplastados bajo las rocas, el hermano violeta sacó su calabaza y los absorvió. Mientras eran succionados, los demonios chillaron y se encogieron hasta convertirse en una pequeña serpiente y un escorpión. Finalmente, los hermanos se habían unido como uno solo para derrotar a los demonios y liberar a la tierra de su terror. El hermano amarillo abrió una montaña y encerraron la calabaza en su interior. Luego, los siete niños se transformaron en una montaña arcoíris que cubría la calabaza. Si los demonios alguna vez se despiertan, también lo harán los niños calabaza.

Comentarios del autor:

Esta historia es una construcción mucho más reciente del siglo XX, pero usa muchos símbolos e ideas que se toman y remodelan de la mitología. Se cree tradicionalmente que la calabaza tiene poderes curativos en el folclore chino; los médicos incluso la han utilizado para transportar sus hierbas medicinales. También era un símbolo de los inmortales taoístas. Esta historia no solo utiliza este vegetal, sino que también lo combina con imágenes muy reconocibles, como la mujer serpiente, a la que conocemos como Nüwa, solo que aquí es malvada. Además de esto, muestra la lucha constante entre demonios y humanos y la importancia de tener cuidado de no molestar a los espíritus. También describe el poder de la hermandad y el trabajo en equipo, en lugar de hacer algo solo.

Conclusión

La mitología china es tan rica como diversa. Estos cuentos son solo una selección de un vasto océano de historias, leyendas y mitos. Esta selección se hizo para darle una idea y, con suerte, dejarlo con ganas de más.

La mitología china está casi definida por la búsqueda de la inmortalidad. Si eso es del taoísmo, o si este idealismo de inmortalidad dentro del taoísmo proviene de la mitología, es difícil de decir. Lo que está claro es que la inmortalidad es el mayor logro dentro de la mitología china. Los dioses que existen y el panteón taoísta original se convirtieron en dioses y alcanzaron la divinidad a través de sus acciones o hechos. Hay, por supuesto, excepciones a esto, pero son pocas. Dentro del taoísmo, el conocimiento era la clave de muchas cosas y se honraba especialmente el ayudar a otras personas con su conocimiento de la curación.

Con la llegada del budismo a China, la inmortalidad pasó a un segundo plano, pero la idea aún permaneció. El budismo introdujo un elemento de autocontrol y abnegación, que es claro en la última parte de la historia del Rey Mono. También se enfatiza el sufrimiento y la penitencia.

La mitología china continúa impactando a la sociedad actual con sus ideas y mentalidad, aunque también ha cambiado mucho a medida que China se fue secularizando. Hoy, existen helados del Rey Mono y los héroes de los Tres Reinos son cartas coleccionables. En un nivel más profundo, la idea de trabajo en equipo y unidad, como se muestra en la historia de los niños calabaza, es muy apreciada.

Hay numerosas leyendas, películas y mucho más sobre la mitología china, así que si ahora te gusta una parte en particular y quieres saber más, ve y explora sus profundas cavernas.

Vea más libros escritos por Matt Clayton

Bibliografía

Birrel, Anne (1999), Chinese Mythology: Introducción
Chew, Katherine Liang (2002), Tales of the Teahouse Retold: Investiture of the Gods.
Walters, Derek (1995), An Encyclopedia of Myth and Legend: Chinese Mythology.
Wilkinson, Philip (2011), Myths and Legends.
Yang, Lihui and An Deming, with Jessica Anderson Turner (2005), Handbook of Chinese Mythology.
Sitios web:
Worldstories.org.uk
www.shenyunperformingarts.org
https://en.wikisource.org/wiki/Portal:Investiture_of_the_Gods/